その問いは、
物語の授業を
デザインする

松本 修・西田 太郎 編著

玉川国語教育研究会 他 著

学校図書

は じ め に

　平成29（2017）年に告示された学習指導要領では、新たな学力観と新たな学習観に基づいて、「主体的・対話的で深い学び」の実現が求められています。これは、学習指導要領に先立つ中央教育審議会の議論において重視されていたアクティブラーニングの観点が、見かけの活動ではなく、実質的な学習過程と学習内容のレベルで保証されることを求めているということでしょう。

　学習指導要領の改訂で中核的な役割を果たした無藤隆氏は、Facebook 上に積極的にノートを公表しています。その書き込みから整理すると、およそ次のような学びが求められていることが分かります。

「主体的な学び」
　　興味・関心　　　見通しをもつ　　　振り返る
　　―それぞれの子どもにとっての意味を単元単位で見ながら意欲や意志を育てる
「対話的な学び」
　　協力する仲間との対話　　　他者との対話
　　本との対話
　　―個々の考えを共有し、問題解決に結びつける
「深い学び」
　　学んだことを問題解決に使う
　　見方・考え方を働かせる
　　―良質で主体的に共有された〈問い〉をめぐって考えを話し合いながら、それを
　　　表現し、整理し、（暫定的な）答えを得る
　　―概念的な知識・構造化された知識をベースにしながら考えを深めていく

　期待されている「学び」は、コミュニカティブな活動を通して、自らの意志で学びを俯瞰しながら行うもので、「実の場」に即したオーセンティック（場に即した、実際的）な性格をもつものであるということが分かります。これは、良識ある国語教師なら従来から目標としてきた学びにほかなりません。

　ところで、平成20年告示の学習指導要領では、「交流」という用語が用いられていましたが、平成29年告示では「共有」という用語が用いられています。これは、「A

さんがＢさんに自分の考えを述べ、Ｂさんも（Ａさんの考えについての応答ということではなしに）Ａさんに自分の考えを述べれば交流なのか？」という疑問に応えようとしたからだと推測します。国語科では、学習指導要領において長く使われている「伝え合い」という用語も、一方通行的な「伝え」があるだけではないかという疑問が常に言われてきました。しかしまた、「共有」も危険な言葉で、相互作用を伴わず、単にＡさんにＢさんが同調して「共有」になるとか、ＡさんのもＢさんのもみんなで聞いたから「共有」だとか、おかしなことになりかねません。

　学習者が主体的に課題意識をもって、自らの学びを俯瞰しながら対話的で深い学びを実現するには、良質な「問い」が必要です。文学の読みという学習においては、とりわけそうでしょう。こうした問いを学習者自身が立てることができるようになるには、まず教室において良質な「問い」が提示され、本質的で意味のある学習が展開されなければならないわけで、やはり教師の提示する問いの質が問われることになります。

　しかしまた、どのような問いが本質的な交流・共有に通じていくのかということを問われると、「それはこんな問いです」とにわかには答えられないという気持ちも多くの教師が抱くことでしょう。新しい学習指導要領を受けて、「深い学びって何だ」とかいう言葉をめぐる議論が空転したり、対話の場面のつくり方だとか、とかく教師自身のスキルが議論されたりしがちですが、活動を組織したところで、そもそもの「問い」がだめなら学習は成立しません。

　本書が提示しようとしている「問い」と、それに導かれる学習の例示は、単なる例示ではなく、その例にしたがって考えをめぐらすことによって、学習者とともに深い学びをつくろうとする心の構えをつくっていくものなのです。私たち自身も深い学びを実現することで、教室における深い学びを実現していくことが必要です。

　平成30年春

松本　修

目次 その問いは、物語の授業をデザインする

はじめに ……………………………………………………………………………………… 2

1章 実践 …… 7

1-1 1年「たぬきのじてんしゃ」 ……………………………………………………… 8
問い たぬきのこどもは、これまでに自転車に乗ったことがあるのでしょうか。 ………… 10
問い 次の会話文は、どのように音読しますか。また、それはなぜですか。 ………… 12
問い 「ひめいをあげてしまいました。」と「それからは、じてんしゃにのるときには、…」
の間に、たぬきのこどもは何をしたでしょうか。 ………………………………… 14
問い 次の文は、誰が話していると思いますか。また、どんな表情で話していますか。
最後に、その語り手になって、たぬきのこどもに一言声をかけてあげましょう。 …… 16

1-2 1年「おおきなかぶ」 …………………………………………………………… 18
問い 「それでも」が2回出てきますが、1回目と2回目はどのように読みますか。 ………… 20
問い はじめの「うんとこしょ、どっこいしょ。」と、最後の
「うんとこしょ、どっこいしょ。」は、それぞれどんなふうに読みますか。 ………… 22
問い 次のところを読む時、「ひっぱって」は同じように（どのように）読みますか。 ……… 24
問い 誰の力でかぶがぬけたと思いますか。 …………………………………………… 26

1-3 2年「スイミー」 レオ=レオニ …………………………………………………… 28
問い 「にげたのはスイミーだけ。」と書いてありますが、この時のスイミーに
何と言ってあげたいですか。 …………………………………………………… 30
問い スイミーが見たものの中で、あなたが一番おもしろいと思ったものは何ですか。
また、それはなぜですか。 ……………………………………………………… 32
問い なぜスイミーは、この時になってから「ぼくが、目になろう。」と言ったのでしょうか。 … 34
問い 楽しく暮らしていた時のスイミーと大きな魚を追い出した時のスイミーでは、
どちらが幸せでしょうか。また、それはなぜですか。 ………………………… 36

1-4 2年「お手紙」 アーノルド=ローベル ……………………………………… 38
問い 二人は、お手紙に書いてあることが分かっているのに、
どうして4日間待っていられるのでしょうか。 ……………………………… 40
問い がまくんは、お手紙のどんな言葉を聞いて、「とてもいいお手紙だ。」と
思ったのでしょうか。 …………………………………………………………… 42
問い がまくんが一番悲しいのはいつですか。また、一番幸せなのはいつですか。 ………… 44
問い かえるくんは、お手紙に書いたことをがまくんに教えました。
あなたはどう思いますか。 ……………………………………………………… 46

1-5 3年「モチモチの木」 斎藤 隆介 ……………………………………… 48
問い 次の文を読む時、誰の声で聞こえますか。「まったく、 豆太ほど…」 ………… 50
問い 次の文を読む時、誰の声で聞こえますか。「だって、じさまも、おとうも…」 ………… 52
問い 豆太が「小犬みたいに体を丸めて、表戸を体でふっとばして」走りだしたのは
なぜでしょうか。 ……………………………………………………………… 54
問い 豆太の最初の「じさまぁ。」と最後の「じさまぁ。」は、同じでしょうか。 ………… 56

4

1-6 3年「わにのおじいさんのたから物」 川崎　洋 ⸺⸺⸺⸺ 58

問い わにのおじいさんが、「君に、わしのたから物をあげよう。」と言ったのは
　　 なぜでしょうか。 ⸺⸺⸺⸺⸺⸺⸺⸺⸺⸺⸺⸺⸺ 60

問い 「たから物ってどういうものか、君の目でたしかめるといい。」と言った
　　 わにのおじいさんの思いは、かなったと思いますか。 ⸺⸺⸺⸺ 62

問い おにの子に、足もとにたから物がうまっていることを、
　　 あなたは教えてあげますか。 ⸺⸺⸺⸺⸺⸺⸺⸺⸺⸺ 64

問い この物語が次の文のところで終わることを、あなたはどう思いますか。 ⸺ 66

1-7 4年「白いぼうし」 あまん　きみこ ⸺⸺⸺⸺⸺⸺⸺⸺ 68

問い 「やなぎのなみ木が、みるみる後ろに流れていきます。」は、誰が見た風景ですか。 ⸺ 70

問い 女の子は何者でしょうか。また、その答えは、どの文からどのように
　　 考えたからですか。 ⸺⸺⸺⸺⸺⸺⸺⸺⸺⸺⸺⸺⸺ 72

問い 松井さんにはなぜ、小さな「よかったね。」「よかったよ。」の声が
　　 聞こえたのでしょうか。 ⸺⸺⸺⸺⸺⸺⸺⸺⸺⸺⸺ 74

問い 「かすかにのこった夏みかんのにおい」をかぎとったのは誰ですか。 ⸺ 76

1-8 4年「ごんぎつね」 新美　南吉 ⸺⸺⸺⸺⸺⸺⸺⸺⸺ 78

問い 次の部分をだまって読む時、誰の声で聞こえますか。 ⸺⸺⸺ 80

問い どうしてごんは、「その明くる日」も、兵十のうちへ出かけたのでしょうか。 ⸺ 82

問い ごんは、どんな思いで「ぐったりと目をつぶったまま、うなず」いたので
　　 しょうか。 ⸺⸺⸺⸺⸺⸺⸺⸺⸺⸺⸺⸺⸺⸺⸺ 84

問い 「けむり」は何を表しているのでしょうか。そして、物語がこの一文で
　　 終わることについて、あなたはどう思いますか。 ⸺⸺⸺⸺⸺ 86

1-9 5年「注文の多い料理店」 宮沢　賢治 ⸺⸺⸺⸺⸺⸺⸺ 88

問い 二人のわかいしん士の人物像が一番よく表れている言葉や文はどれですか。 ⸺ 90

問い 二人のわかいしん士がふしぎな世界に入り込んでしまったのはいつですか。
　　 また、ぬけだしたのはいつですか。 ⸺⸺⸺⸺⸺⸺⸺⸺ 92

問い なぜ山猫軒では、こんなに多くの注文が出されるのでしょうか。 ⸺⸺ 94

問い 物語がこの一文で終わることについて、あなたはどう思いますか。 ⸺ 96

1-10 5年「大造じいさんとがん」 椋　鳩十 ⸺⸺⸺⸺⸺⸺⸺ 98

問い 「東の空が真っ赤に燃えて、朝が来ました。」は、誰が見た景色ですか。 ⸺ 100

問い 「羽が、白い花弁のように、すんだ空に飛び散りました。」の部分が
　　 あることによって、どんなことが伝わってきますか。 ⸺⸺⸺⸺ 102

問い 大造じいさんが残雪をうたないと決めたのはいつですか。 ⸺⸺⸺ 104

問い いつまでも、いつまでも見守っている大造じいさんを、
　　 あなたはどう思いますか。 ⸺⸺⸺⸺⸺⸺⸺⸺⸺⸺⸺ 106

1-11 6年「きつねの窓」 安房 直子 ──────── 108

　問い 「ぼく」が、三度目に見たきつねの窓を見続けられなかったのはなぜでしょうか。‥ 110

　問い きつねの窓に映ったものは何だったのでしょうか。また、なぜ「それ」が

　　　 映ったのでしょうか。──────────── 112

　問い きつねの子は親切なのでしょうか。────────── 114

　問い この物語を語る「ぼく」を、あなたはどう思いますか。────── 116

1-12 6年「海の命」 立松 和平 ──────── 118

　問い 父が死んだ海は、太一にとって、どのようなものなのでしょうか。──── 120

　問い 太一は、瀬の主を打たなかったことを、なぜ誰にも話さなかったのでしょうか。──── 122

　問い 「本当の一人前の漁師」とは、どのような漁師なのでしょうか。──── 124

　問い 「海の命」とは、何なのでしょうか。────────── 126

2章　今、求められる物語の読みの学習 …… 129

2-1 物語の読みと交流と言語活動 ──────────── 130

2-2 物語の読みと問い ──────────────── 132

2-3 語りに着目した教材分析 ─────────────── 134

3章　問いと交流を中核とした学習デザイン …… 139

3-1 空所に着目した教材分析 ─────────────── 140

3-2 複数の問いの組み合わせ ─────────────── 144

3-3 学習者の問い ──────────────────── 146

おわりに ──────────────────────── 148

編著者・執筆者 ─────────────────────── 149

引用・参考文献 ─────────────────────── 150

1章 実践

　1章は、本書が提案する「問い」を記しています。1年生から6年生まで、各学年2つの教材を取り上げました。各教材の実践ページは、教材分析と4つの問いからできています。1つの問いが、45分間（一単位時間）で扱われることを想定しています。4つの問いは、単独でも活発な交流を生み出すものです。そして、学習計画の中で組み合わせることで、子どもたちのさらなる闊達な交流、関連性の高い解釈が生まれます。

〈教材分析〉

　教材分析についてのページは、各項のはじめにあります。問いの意図を説明しながら、教材の特性や問いにつながる教材分析の視点を述べています。特に、読みの交流を促すために「空所」に注目しています。これは、140〜143ページの理論を基にした考え方です。ですから、網羅的な指導事項にそった教材分析とは性格が異なります。

　教室で文学作品を読み、多様な解釈が生まれることが、読みの交流にとってたいへん重要なことです。ただし、「何でもあり」ではありません。叙述を根拠にした妥当な解釈が必要です。本書の問いは、叙述を根拠にできる解釈を答えとしています。そのために、問いに結びつく「空所」を示し、多様な解釈の可能性を述べます。また、教材によっては問いに結びつかない「空所」も示し、読みの学習でおちいりやすい「何でもあり」の解釈が答えになることを防ぎます。

〈問い〉

　問いは、子どもたちに読みの交流を促し、じっくり対話する中で多様な解釈に気付き、悩み、考え、解釈をもつよう吟味されています。本書が提示する問いは、「立場を問う」「人物を問う」「構造を問う」「象徴を問う」など、学年にかかわらず文学作品を読むために欠かせない要素を含んでいます。もちろん、学年の発達段階に応じた、指導事項を念頭にした問いであることは、言うまでもありません。

　本書の問いは、子どもたちにただ提示するだけでは十分な効果を発揮しません。問いの意図があり、問いに正対するための条件があります。実践における展開の様子から、どのように問いを提示していくのか、どのような反応を事前に引き出しておくべきなのか、お分かりいただけるでしょう。そして、子どもたちからどんな言葉が発せられるのかは、交流で期待する反応として示しています。交流後の解釈例は、学習のゴールイメージとなるものです。

1-1 1年「たぬきのじてんしゃ」

　「たぬきのじてんしゃ」は、入門期に学習する作品です。空所や語り手に着目した〈問い〉の解決を通して、読みを交流することのおもしろさ、深く考えることの楽しさを体験させてあげましょう。

物語の空所

　「たぬきのじてんしゃ」は、起承転結の明確な物語です。一方で、文量もたいへん少ないものとなっています。その結果、物語の細部は十分に語られず、空所が多く存在しています。

　まず、物語の展開を4つの場面に分けてみていくと、1場面「たぬきのこどもは、…」において、物語の設定が語られます。2場面「ところが、…」から、物語が展開し、3場面「「やあい、たぬきのくいしんぼ。」…」で事件が起きます。そして、4場面「それからは、…」で事件が解決し、結末をむかえます。

　これらの展開の中には、いくつもの空所の存在を認識できますが、そのすべてが〈問い〉とはなりません。検討する価値のある〈問い〉を設定する必要があります。テクストの本質を「たぬきの発想のおもしろさ、機転のよさ」とし、これに迫れる空所の検討を〈問い〉として立てます。ここでは、2つの空所を取り上げます。

　1つは、物語の設定にかかわる空所です。1場面では、次のように物語が始まります。

　たぬきの　こどもは、ながい　あいだの　ゆめが　かなって、あかい　じてんしゃを　かって　もらいました。

　たぬきのこどもの「ながいあいだのゆめ」とは、何なのでしょうか。一読しただけでは「自転車を買ってもらうこと」と安易に考えてしまいそうな場面です。そこで、「ながいあいだのゆめ」に着目させ、子どもたちの中の読みの差異をあぶり出します。多くは語られない設定部分の背後にあるものを想像することで、今後、たぬきのこどもの行動や心情を追って読み進めていく際の基礎をつくることができます。

　もう1つは、物語のクライマックスにおける空所です。3場面から4場面の展開は次のように表現されています。

> 　たぬきの　こどもは、ひめいを　あげて　しまいました。
> 　それからは、じてんしゃに　のる　ときには、しっぽを　ひもで　せなかに
> しっかり　おんぶして、はしる　ことに　しましたとさ。

　たぬきのこどもに訪れた事件が、場面をまたいで解決に至っています。しかし、その過程は十分には語られていません。この間に何があったかは、たぬきのこどもの行動や人柄、考え方を関連付けて多様に推測することができます。テクストの本質に迫ることのできる空所と言えます。

語り手の認識

　物語の語り手の存在を初めて認識する学習と位置付けられます。しかし、子どもたちに語り手の概念を獲得させることは、この時期の発達段階において簡単ではありません。そこで、物語が「…しましたとさ。」と閉じられていることを生かすと、語り手を認識させることができます。読み聞かせにおける読み手や、劇におけるナレーターの存在を想起させ、多様な語り手を想像させます。誰が語っていると考えるか、またどのような思いで語っているかを具体的に検討させ、読みの広がりを味わわせます。

登場人物の関係性

　「たぬきのじてんしゃ」で子どもたちは初めて会話文（「　」）を学習します。たぬきのこどもとからすの短い会話のやりとりが以下のように示されています。

> 　「やあい、たぬきの　くいしんぼ。じぶんの　しっぽを　たべてるぞ。」
> 　きの　うえから、からすが　からかいました。
> 　「ちがうったら。」
> 　たぬきは、うっかり　しゃべって　しまいました。

　この会話文の音読や動作化などの活動を通して、登場人物の心情を想像させていきます。ここでは、個々の人物について考えていくのではなく、「会話」として捉え、セットで検討させることによって、登場人物の関係性を思考する活動へと導くことができます。また、短い会話のため、その後の会話や心情を補う学習も有効でしょう。例えば、たぬきのこどもが「ちがうったら。」と言った時の心情や、たぬきのこどもが悲鳴をあげた時のからすの心情、たぬきのこどもがしっぽを背中におんぶして走る時のからすの心情などを考えさせることができます。

> **問い** **たぬきのこどもは、これまでに自転車に乗ったことが あるのでしょうか。**

問いの意図

　1場面では物語の設定が語られています。しかし、少ない情報の中にたぬきのこどもの状況が十分に語られているとは言えません。たくさんの空所が存在していると言えます。そこで、この〈問い〉を示すことによって、1場面の叙述を分析的に読ませることができます。

　子どもたちは挿絵にも注目します。そのようなアプローチも認めながら、楽しく推論させたいところです。この〈問い〉の検討を通して、その後の物語の展開、結末の読みに必要な、たぬきのこどもの自転車に対する強い思いを共有することができます。

　入門期に学習する本教材において、物語の設定をていねいに検討することで、その後の文学教材における読みの構えをつくることができます。例えば、「白いぼうし」の松井さんは、なぜ「いなかのおふくろ」の夏みかんをタクシーにのせたのかや、「ごんぎつね」のごんは、なぜ「ひとりぼっち」で「いたずらばかり」するのか、などです。登場人物の背後にあるものをていねいに検討することによって、子どもたちの読みは格段に深まっていきます。

問いに正対するための条件

　入学した1年生が、五十音を一通り学習した後に設定されている教材です。入門期ということで、物語を正しく発声して読むこと、物語を楽しむことを目標とします。そのため、教師の範読を聞いた後、追いかけ読みや交代読み、個人での音読などを毎時間取り入れ、ひらがなに親しめるようにしましょう。

　挿絵も十分に活用したいところです。例えば、問題解決的に物語を読み進めていくという目的をもたせるために、挿絵比較は有効です。「最初のたぬきの挿絵と、最後のたぬきの挿絵は、どこがちがう？」と問い、たぬきのこどもの表情やしっぽの様子などの相違点を見つけさせます。そこで、「なぜ変わったの？」と発問してみましょう。物語の「はじめ・中・終わり」の基本構造を捉え、「中」でどのような出来事（事件）が起こるかを予想したり、問題解決的に読み取ったりしていくという、文学を読み進めていく姿勢を形成することができます。

交流で期待する反応

C1：たぬきのこどもの「ながいあいだのゆめ」は自転車を買ってもらうことと書い
　　てあったよ。だから、自転車に乗ったのはこれが初めてだと思う。

C2：でも、新しい自転車に乗るのが夢だったんじゃないのかな。

C3：そうだね。すぐに自転車に乗っているし、古い自転車しかなかったのかな。

C1：でも、自分で自分のしっぽをひきそうになるのはおかしいんじゃない？　乗っ
　　たことがあるなら、ひきそうにはならないと思うよ。

C2：そうかもね。たぬきのこどもは、ずっと自転車に乗りたかったんだね。

実践における展開の様子

　教師の範読や子どもたちの音読を経た後に、この〈問い〉を提示します。黒板には
拡大した本文を示しておき、1場面を中心にした読み取りをしていきます。〈問い〉
は「乗ったことがある」「乗ったことがない」の二択式の形となっているため、子ど
もたちも参加しやすいでしょう。まず、立場を決めてノートに書かせます。続いて理
由を言えるようにさせましょう。交流は、全体場面で教師がファシリテーターとなっ
て進めましょう。発言の中には、根拠が不明瞭なものも多いでしょう。そこで、「ど
こに書いてあったの？」と切り返し、「ながいあいだのゆめ」や「しっぽをひきそう
になりました」などの根拠となる叙述を明らかにしてあげましょう。

交流後の解釈例

○乗ったことがある

・「ながいあいだのゆめ」は、新しい「じてんしゃ」を買ってもらうことであって、
　これまで使っていた自転車は古くなってしまったのだろう。

・挿絵ではすぐに乗っているから乗った経験があると思う。友だちの自転車には乗っ
　たことがあって、自分のを買ってもらうことが「ながいあいだのゆめ」だった。

○乗ったことがない

・「ながいあいだのゆめがかなって」「じてんしゃをかってもらいました」と書いてあ
　るから、初めて自転車を買ってもらった。

・挿絵では乗っている様子が描かれているが、「かってもらいました」の後に、たく
　さん練習したと思う。物語では、それが省かれている。

・これまでに乗ったことがあるなら、「じぶんでじぶんのしっぽをひきそう」にはな
　らない。

> **問い** 次の会話文は、どのように音読しますか。また、それはなぜですか。
>
> 「やあい、たぬきの　くいしんぼ。じぶんの　しっぽを　たべてるぞ。」
> 「ちがうったら。」

問いの意図

　入門期における文学の学習では、音読などの言語活動を通してテクストを解釈させるのがよいでしょう。ここでは、音読の仕方を問うことで登場人物の心情を想像させます。ここで工夫したいのが、二人の登場人物の会話文をセットで取り上げるということです。これにより、登場人物の関係を一貫性をもって考えさせることができます。

　会話文の読み方の検討から、「二人はどんな関係か。」という発問につなげることによって、会話文の読み方や登場人物の心情を再検討する姿を期待します。

問いに正対するための条件

　本教材の学習を通して、会話文を初めて学ぶことになります。会話文は登場人物になりきって読むだけでなく、「どうしてそう読むのか」という理由が最も大切にされなければなりません。根拠を叙述に求めることを物語の読みの基本として指導することが求められます。その際、教師の範読が「答え」とならぬよう、抑揚をやや小さくして行うことによって、子どもたちに解釈を委ねることができます。

交流で期待する反応

Ｃ１：僕は、からすの会話文をいやなふうに読むよ。「からかいました。」と書いてあるから。

Ｃ２：挿絵では、からすはにこにこしているから、笑顔で言うのもいいね。

Ｃ３：たぬきのこどもの会話文は、おこったように読もう。きっと「くいしんぼ」なんて言われていやだったと思うから。

　Ｔ：たぬきのこどもとからすは、ふだん、どういう関係なのでしょう。

Ｃ２：からすは笑顔で言っているから、きらいというわけじゃないと思うな。

Ｃ３：二人はふだんは仲良しなんじゃないかな。だから「ちがうったら。」もそんなにおこってなくて、「そんなこと言わないでよ」という気持ちで言ったのかも。また読み方を変えてみよう。

実践における展開の様子

　問題解決の過程においては、まず、「からす」と「たぬきのこども」を別々に考えさせ、理由を明らかにします。そして、「二人はどのような関係か。」と追加の問いを提示し、その関係性を検討させます。スモールステップで問いを示すことで思考を焦点化できます。二人の登場人物間に一貫した理由を説明できれば、妥当な解釈ということができるでしょう。

　言語活動としては、一人で両方の読み方を考えることもできますが、ペアを作って検討させることも考えられます。ぜひ、みんなの前で音読とその理由を発表させたいところです。

交流後の解釈例

○からすの会話文「やあい、たぬきのくいしんぼ。じぶんのしっぽをたべてるぞ。」

・からかうように、意地悪く言う。からすはたぬきのこどもをばかにしている。

・笑顔で、おもしろがって言う。からすは、たぬきのこどものしたことをおもしろい、おかしいと思っている。

○たぬきのこどもの会話文「ちがうったら。」

・おこったようにムキになって言う。しっぽをくわえただけなのに、からすにからかわれて、いやだったから。

・からすが冗談でからかう言葉に、「そんなこと言わないで」という悲しい気持ちで弱々しく言う。

○二人はどんな関係か

・からすは、たぬきのこどものすることをいつも見ていて、からかったり、ばかにしたりしている。たぬきのこどもは、からすの意地悪にいつも困っている。

・たぬきのこどもとからすは、日頃から仲良くしている。たぬきのこどもの「しっぽをくわえる」という発想をおもしろく思って冗談交じりに言い、たぬきのこどもは友だちのからすにそう言われて、「ちがうったら。」と悲しい気持ちで言った。

> **問い** 「ひめいをあげてしまいました。」と「それからは、じてんしゃにのるときには、…」の間に、たぬきのこどもは何をしたでしょうか。

問いの意図

　事件から結末につながる物語の山場の場面に存在する「空所」を検討させる問いです。この空所部分は、描かれていないからといって「何でもあり」の読みではいけません。これまでに子どもたち一人一人が読み重ねてきたたぬきのこどもの行動や人柄、考え方との一貫性、結末部分におけるたぬきのこどもの行動との関連を検討することによって、妥当な解釈が導かれます。

　子どもたちが、考えが浮かばないようであれば、さらに問いを焦点化し「その間の時間は、長いか、短いか。」と補助発問をしてもよいでしょう。そこで、「なぜ短いか（長いか）。」と理由を考えさせることによって、たぬきのこどもの人柄に迫ることができます。

問いに正対するための条件

　2つの条件が必要と思われます。1つは、1〜3場面でたぬきのこどもの行動を正確に読むとともに、心情や人柄を捉えていること。もう1つは、結末である4場面の出来事を理解していることです。この2つの条件を生かすことによって、空所を豊かに想像することができるでしょう。

交流で期待する反応

Ｃ１：たぬきのこどもは、すぐにしっぽをひもでしばることを思いついたと思うよ。だって、しっぽをひきそうになった時、すぐに口にくわえるという考えを思いついていたから、きっと頭がいいんだよ。

Ｃ２：そうかな。もうしっぽをひいて痛い目にあうのはこりたと思うから、次はよく考えたんじゃないかな。

Ｃ３：「ひもでおんぶ」と書いてあるな。お母さんに教えてもらったんじゃない？

Ｃ１：じゃあ、一度おうちに帰って、お母さんに相談したのかもしれないね。たぬきのこどもって、よく考えるところが本当にすごいな。

実践における展開の様子

　物語の事件と解決との間に存在する断層に着目させるために、2枚の挿絵を提示します。1つは、しっぽをひかれている挿絵、もう1つはしっぽをおんぶして自転車に乗っている挿絵です。この2枚を比較すると、たぬきのこどもの表情が、痛がる様子から笑顔へと大きく変わっていることに気付くことができます。物語の展開もこの挿絵の変化のように一気に展開していることが分かります。そこで、「この間にたぬきのこどもは何をしたでしょう。」と問います。これまでのたぬきのこどもの行動や読み取ってきた人柄、結末部分のたぬきのこどもの機転の良さなどを根拠に自分の読みを表明させましょう。この空所部分を検討することは、物語の本質に迫る読みを促します。空所の前後の叙述と関連付けて自分の読みを述べる姿を期待します。

　さて、結末部分の「しっぽをひもでせなかにしっかりおんぶして」における「おんぶ」に対する子どもたちの語彙認識を確かめたり広げたりすることも、空所を想像することに有効に働くでしょう。子どもたちから「ひもでしばっている」という発言があったら、「「おんぶ」だよ。」と切り返し、その意味を考えさせてみましょう。「おんぶはどんな時にするの?」と補助発問を入れたりしながら、「おんぶ」や「おんぶひも」、「おかあさん」という子どもたちの既有知識を引き出すことができます。

交流後の解釈例

○すぐにアイデアを思いついた

・すぐに、「しっぽをひもでしっかりおんぶする」ということを思いついた。たぬきのこどもは、これまでもすぐにアイデアを出すことができていたから。だから、からすも驚いている。

○長く考えていた

・もうしっぽをひいて痛い目にあうのはこりたはずだから、よく考えて、いろいろとアイデアを出した。その中で、あれもだめ、これもだめと考えて、よしこれだという一番いいアイデアを試すことにした。

○お母さんに相談した

・しっぽをひいてしまったその日は、家に帰った。そして、お母さんに相談して「おんぶひも」を借りた。家で結び方を教えてもらい、次の日に試すと上手にできた。

問い Ｑ 次の文は、誰が話していると思いますか。また、どん な表情で話していますか。最後に、その語り手になっ て、たぬきのこどもに一言声をかけてあげましょう。

それからは、じてんしゃに　のる　ときには、しっぽを　ひもで　せなかに しっかり　おんぶして、はしる　ことに　しましたとさ。

問いの意図

4場面（結末）の一文を取り上げ、誰が話しているか、また、どんな表情で話して いるかを問います。注目する部分テクストは「はしることにしましたとさ。」という 終末の表現です。昔話の語り口で物語が閉じられ、これによって「めでたしめでたし」 というハッピーエンドを想起させるものになっています。

予想される話者は、①語り手、②たぬきのこどものお母さん、③からす、です。

まず子どもたちは、客観的な話者である①語り手（例えば、読み聞かせの先生、劇 のナレーター）を思い浮かべることが予想されます。たぬきのこどもの発想のおもし ろさをにこにこ笑顔で語る様子も目に浮かぶことでしょう。

次に、たぬきのこどもと同化する読者であれば、例えば、自転車を買ってくれたで あろう、②たぬきのこどものお母さん、を挙げることが予想されます。お母さんがわ が子に対して愛情たっぷりの視線で語っているという解釈も考えられます。

その他、挿絵で示されている、③からす、を挙げる子どももいるでしょう。たぬき のこどもの発想に「まいった」「一本とられた」というからすの心情を「〜しましたと さ。」という降参するような言い方で語っているという解釈の可能性も指摘できます。

さて、追加の〈問い〉として、「その語り手になって、たぬきのこどもに一言声を かけてあげましょう。」を用意しました。それぞれの語り手の立場、心情を基に、続 きのお話を創作させるものです。これまでの読みとの関連性をもたせた、自分の読み を表現する場とします。

問いに正対するための条件

子どもたちにとって、地の文を「誰が話しているのか。」と考えることは、初めての 経験となるでしょう。語り手の概念を理解することは難しいものです。しかし、子ど もたちには、絵本を読み聞かせてもらったり、絵本をある話者になりきって読んだり、 劇中でナレーターをしたりといった豊かな経験があります。「語り手」を「お話をす

る人」や「ナレーター」という言葉で説明するなどして、理解を図りたいところです。

交流で期待する反応

C1：私は、たぬきのこどものお母さんが話しているように聞こえたよ。たぬきのこ
　　　どもが自転車に乗るために一生懸命に練習していることを応援したり、見事乗
　　　れた時にお母さんが喜んだりしている様子が目に浮かんだよ。

C2：僕は、ナレーターが話していると思ったよ。「しましたとさ。」と昔話の終わり
　　　方のようになっていたから。「たぬきのこどもはおもしろいなあ、すごいなあ。」
　　　という驚いた表情で話しているように聞こえたよ。

C1：なるほど。昔話みたいだね。私は、お母さんだとしたら、「あなたが自転車に
　　　乗れてとってもうれしいよ。」と声をかけると考えたよ。

実践における展開の様子

　　4場面の文章を示し話者を想定させますが、子どもの発想が広がらないようであれ
ば、教師側から前出の話者を選択肢として提示してもよいでしょう。ノートには、誰
が話しているかを記入させます。理由は、ペアで述べ合う場をつくり言語化させたう
えで、全体発表させます。想定する話者の違いにより、物語の読みに違いが生まれる
おもしろさを、板書などで構造化して示せるとよいでしょう。

交流後の解釈例

①語り手

・たぬきのこどもが次々にアイデアを思いつくことを、おもしろい子だなあと笑顔で
　話す様子。「たぬきくん、知恵をしぼっておもしろいことを考えたね。自転車に乗
　れてよかったね。本当に自転車が好きなんだね。」

②たぬきのお母さん

・たぬきのこどもがどうしても自転車がほしい、自転車に乗りたいという気持ちを知
　っていて、無事乗れたことを喜んで見ている様子。「いい考えを思いついたね。あ
　なたが自転車に乗れて、お母さんもとてもうれしかったよ。また怪我をしないよう
　にね。」

③からす

・びっくりした様子で話している。「びっくりしたな。君にはかなわないよ。たぬき
　くんすごいね。この間はからかってしまってごめんね。」

1-2 1年「おおきなかぶ」

　「おおきなかぶ」は、1950年代から日本の教科書に登場し、現在でも多くの子どもたちに読み継がれているロシア民話で、日本で知らない人はいないと言っても過言ではない人気作品です。最も有名なものは、福音館書店から出版されている内田莉莎子訳／佐藤忠良絵のヴァージョンでしょうか。教科書に掲載されている「おおきなかぶ」の多くも、このコンビによるものです。原作は民話（子どもの遊び歌）であるため、調べてみると日本国内だけでも様々な「おおきなかぶ」が出版されており、登場する動物や、和訳（特にかぶの引き手を説明する部分）に違いが見られます。

訳者による和訳の違い

　和訳の違いの中でも特に注目すべきものを2点紹介します。1つ目は冒頭部分の違いです。

〈西郷竹彦訳〉　おじいさんが、かぶのたねをまきました。
〈内田莉莎子訳〉おじいさんが、かぶをうえました。

　種を「うえる」、種を「まく」はどちらも違和感のない表現です。通常、筋蒔きをして、間引きをします。種は何粒かが一包に入っていて、水につけて発芽を待ってから植えることがあります。動作をイメージしてみると、植物に対する扱いとしては大きく異なることが分かります。語感の問題とも言えますが、西郷訳は、種を「まく」という初動を切り取っています。これに対して、内田訳ではあえて「うえる」という言葉を選び、おじいさんのていねいな作業を印象付けていると言えます。小さなかぶを土に植えたのだと誤読する子どももいるので気をつける必要がありますが、この言葉には内田なりの解釈が含まれていると考えられます。

　「あまいあまいかぶになれ。おおきなおおきなかぶになれ。」という言葉にも表れているように、おじいさんは強い願いを込めてかぶを育てました。その結果、かぶは「あまい、げんきのよい、とてつもなくおおきなかぶ」に育ったのです。この様子を表現する時に、間引くことを前提とした「まく」という行為はふさわしくない、と内田は考えたのでしょう。せっかく、内田訳で読むなら、その思いにも気付かせたいところです（教科書によっては内田訳であっても科学的な観点から「おじいさんが、か

ぶのたねをまきました。」と始まるものもあります）。

　もう1つはかぶをひっぱる場面の和訳です。登場するキャラクターは同じ、並び方も同じですが、列の後ろから語る内田訳と前から語る西郷訳と違いがあります。ひっぱる動作を表現する「うんとこしょ、どっこいしょ。」の部分の直前に書かれる内容によって、読み取る様子は異なります。

　〈ねずみ→ねこ→いぬ→まご→おばあさん→おじいさん→かぶ〉の順番で語られる内田訳では、一同の力がおじいさんに集結し、かぶに作用する様子が読み取れます。これに対して〈かぶ→おじいさん→おばあさん→まご→いぬ→ねこ→ねずみ〉の順番で語られる西郷訳では、一番最後に参加したねずみの力が加わったことでぬけた印象が強くなります。

言語活動の設定について

　本作品において、「あまい、げんきのよい、とてつもなくおおきなかぶ」は簡単にはぬけません。「げんきのよい」という言葉は、まるでかぶが「簡単にはぬかせないぞ。」と対抗してくるようです。ページをめくるたびに新しい仲間が加わり、いっしょにかぶをぬこうと奮闘します。「次は誰が来るのだろう？」と予想する楽しさ、またそれが繰り返される安心感は、子どもたちを作品に引き込みます。

> 　ねずみが、　ねこを　ひっぱって、　ねこが、　いぬを　ひっぱって、　いぬが、まごを　ひっぱって、　まごが、　おばあさんを　ひっぱって、　おばあさんが、おじいさんを　ひっぱって、　おじいさんが、　かぶを　ひっぱって、…

　と、一見間延びしてしまうような長い説明ですが、子どもたちは場面の様子を頭にイメージし、間違えず順に言えるだろうかと楽しみながら読みます。「かぶをぬく」という単純明快な目的があり、「ひっぱる」という分かりやすい動作があり、登場人物もたくさんいて、劇化するにはもってこいの作品だと言えます。「うんとこしょ、どっこいしょ。」と声がそろうと、それだけで何だかみんなで一仕事終えたような一体感を味わうことができます。

　読みの交流によって、読みの変容や読みの方略の変容を1年生に自覚化させることは、話し合いの運用能力や、認知的発達などの発達段階上、非常に難しいものと思われます。むしろ、このような繰り返し構造のある本作品の特徴を生かし、音読劇や動作化など、遊びながら読むという言語活動を設定し、その言語活動に沿った〈問い〉を投げかけることが有効であると考えられます。

> **問い** 「それでも」が２回出てきますが、１回目と２回目は
> どのように読みますか。
>
> 　「ところが」「それでも」「まだ　まだ」「まだ　まだ　まだ　まだ」「それでも」
> かぶは　ぬけません。

問いの意図

　各ページの接続詞・副詞に着目した物語の展開に関する問いです。次々に仲間が加わりいっしょにかぶをぬこうとする様子は、子どもたちにも予想ができるほど繰り返しの形になります。その単調な流れに変化をつけているのが、かぶをぬこうとするかけ声「うんとこしょ、どっこいしょ。」と、挑戦の結果を告げる「かぶはぬけません」をつなぐ接続詞・副詞です。登場する接続詞・副詞を整理すると次のようになります。

おじいさん一人	ところが、かぶは　ぬけません。
おばあさんが加わる	それでも、かぶは　ぬけません。
まごが加わる	まだ　まだ、かぶは　ぬけません。
いぬが加わる	まだ　まだ　まだ　まだ、ぬけません。
ねこが加わる	それでも、かぶは　ぬけません。
ねずみが加わる	やっと、かぶは　ぬけました。

　「ところが」という接続詞からは、当たり前に収穫できると思っていたかぶがぬけずに驚いている様子が読み取れます。一人でだめなら二人で、とおばあさんを呼びますが「それでも」かぶはぬけません。ならばとまごを呼んできますが、「まだまだ」ぬけないということなので、びくともしなかったのでしょう。人間が出尽くしたのでいぬまで手伝いますが、「まだまだまだまだ」力が足りないようです。各ページの接続詞・副詞は、新たな引き手が登場しいっしょに引くという繰り返しの展開の中に、唯一物語全体の流れ・積み重ねを表す言葉として機能しており、「これでもまだぬけないのかぁ」と読者を作品の中に引き込んでどきどきさせてくれます。物語の進行に合わせて接続詞・副詞が使われていますが、「それでも」という接続詞だけは２回出てきます。表記上は同じである「それでも」の違いを問うことにより、「二人分」と「三人と二匹分」の力が加わっている力強さといった状況の違いや、人数が増えて大きな力となってもぬけない残念さなど、捉え方によって表現されることが異なることが期待できます。

劇化や音読などにつながる読み方を問うことで、低学年であっても違いが表出させやすくなります。読み方の違いを顕在化させ、その理由を問うことにより、場面や登場人物の気持ちなどについての読みが表出します。また、交流することにより、自己の読みを見直すことが可能になると考えられます。

問いに正対するための条件

低学年であることを考慮し、接続詞や副詞が見比べやすいように、全体を一度に見ることができるプリントを準備するなどの配慮が有効だと考えます。

交流で期待する反応

Ｃ１：１回目に出てきたのはどの場面だったっけ？

Ｃ２：おばあさんが出てきた時だよ。

Ｃ３：おじいさんが一人でぬこうとしてもぬけなくて、おばあさんを呼んで二人でぬくんだけど、それでもぬけなかったってことだよね。

Ｃ４：じゃあここは、ねこが来てくれたんだけど、それでもぬけなかったってことかな。

Ｃ２：ねこっていうより、おじいさん、おばあさん、まご、いぬ、ねこで引いたけど、それでもぬけなかったってことじゃないかな。

Ｃ１：そうかそうか、これまでがんばってきたのが全部入っているんだ。

実践における展開の様子

子どもたちは繰り返しの文調に音読する楽しさを感じますが、接続詞・副詞がページ毎に変わっていくことにはあまり注目しません。ねこが加わるページでは「あれ？「それでも」って前にも出てきたぞ？」と気付かせたいところです。このことをきっかけに、各ページの接続詞・副詞を整理・分析する流れにもっていきましょう。

交流後の解釈例

・１回目は、おばあさんといっしょならもうぬけるだろうと思っていたけど、「ぬけないじゃん」っていう驚いた感じで読みたい。２回目は、おじいさん、おばあさん、まご、いぬ、ねこって、続けて呼んできたけど「まだだめかな、やっぱりだめだった」っていうがっかりした感じで読みたい。

> **問い** はじめの「うんとこしょ、どっこいしょ。」と、最後の「うんとこしょ、どっこいしょ。」は、それぞれどんなふうに読みますか。

問いの意図

「おおきなかぶ」は、おじいさん、おばあさん、まご、…というふうに、かぶをひっぱる人物が少しずつ増えていきます。そして、かぶを引くことに加わった人物は、体の大きなもの→小さなものになっていくという順序性があります。そして、最終的には、全員の力を合わせたことによってかぶがぬけるという展開になっています。

登場する人物のかけ声である「うんとこしょ、どっこいしょ。」という部分テクストに着目させることによって、そういった作品の構造に基づきながら考えを交流し、読みを深めていくことが期待できます。

また、〈問い〉にある「それぞれどんなふうに読みますか。」は、音読の仕方を問うているものです。これは、作品についての読みを実際に声に出しながら確認し合えるという点で、文学の学習の入門期である1年生が読みの交流をするうえで、具体性がある問いと言えます。音読劇をするにあたっても、人物のかけ声について検討するこの〈問い〉は、有効に働くでしょう。

〈問い〉について予想される解釈例としては、①両方とも大きな声で読む、②最後の方を大きな声で読む、などが考えられます。

どちらの解釈であっても、それぞれ、子どもたちなりの理由があるはずですから、その理由と合わせて考えを言わせるようにしましょう。また、その際は、本文中のどの言葉から、その考えをもったのかを言うように促しましょう。1年生なので、自分の思いが先行した考えを述べることが予想されますが、その思いはきちんと受け止めたうえで、テクストを根拠に考えをつくることの重要性を教えます。

そうすることで、文学の学習の入門期の1年生に、根拠を大切にして読むという態度が培われるでしょう。

問いに正対するための条件

〈問い〉について考えの交流をする際には、「うんとこしょ、どっこいしょ。」というかけ声を実際に声に出して、どんなふうに読むか考えさせましょう。そうすることで、1年生の子どもたちが実感をもって、読みを深めていくことができます。

交流で期待する反応

Ｃ１：両方とも大きい声で読んだ方がいいよ。だって、力を入れてひっぱるから。

Ｃ２：僕もそう思う。全然ぬけなくて頑張っているから、「早く、ぬけろ〜！」っていう感じで、大きい声の方がいいよ。

Ｃ３：最後の方を大きい声で読んだ方がいいんじゃないかなあ。

Ｃ１：どうして？

Ｃ３：なんか、人が違うっていうか……。

Ｃ４：私も最後が大きい声の方がいいと思うな。だって、ひっぱっている人が増えているから。

Ｃ２：ああ、そっか。最後の方が「うんとこしょ！　どっこいしょ！！」って、元気な感じの読み方でもいいのか。

実践における展開の様子

　まずは「うんとこしょ、どっこいしょ。」を子どもたちに音読させてみます。音読では、とにかく元気に音読する様子、何となく声に出してみる様子などが見られるでしょう。そこで、〈問い〉を投げかけ、ただ音読するのではなく、読み方を考えて音読することに意識が向くようにします。考えが浮かばない様子であれば、「誰がかぶをひっぱったのでしょう。」と問いかけて、かけ声を出した様子を具体的に想像させます。その際、実際にかけ声を出してみるようにすると、さらに想像がふくらむことが期待できます。

　〈問い〉では、はじめと最後に着目させていますが、おじいさんとおばあさん二人の時はどうなのか。三人の時は…と、考えを広げさせてもよいでしょう。

交流後の解釈例

①両方とも大きな声で読む

・力いっぱいかぶをひっぱったと思うから。

・おじいさんは、かぶをひっぱった最初のうちは疲れていないはずだから大きな声だと思うし、最後はみんなの声が合わさって大きな声になると思う。

②最後の方を大きな声で読む

・最後の方は、かぶをひっぱる人が増えて、かけ声も大きくなっていくから。

・最後まで、なかなかぬけなくて、「早くぬけてほしい」という気持ちが強くなっていると思うから。

> **問い** 次のところを読む時、「ひっぱって」は同じように（どのように）読みますか。
>
> ねずみが、ねこを　ひっぱって、ねこが、いぬを　ひっぱって、いぬが、まごを　ひっぱって、まごが、おばあさんを　ひっぱって、おばあさんが、おじいさんを　ひっぱって、おじいさんが、かぶを　ひっぱって、

問いの意図

　この〈問い〉は、「おおきなかぶ」の中に何度も何度も繰り返されているフレーズである「ひっぱって」の読み方に関する問いです。かぶがやっとぬけるこの場面は、「ひっぱって」という言葉が6回繰り返し出てくること、そのどれもが同じ表記であること、登場人物が全員かぶをぬく作業に参加していることから、それらを同じ読み方をするかどうかを問います。黙読や一斉読みの音読では、あまり意識されることがないかもしれませんが、音読劇や動作化を単元の目的としていれば、この〈問い〉によって声の大きさや出し方などに着目することが期待できます。

　この「ひっぱって」に着目することで、劇中の言葉の声の大きさやそろえ方、動作の仕方などにより注目して、音読と劇の両方に工夫の余地を見つけることが考えられます。

　ねずみからねこ、ねこからいぬ、いぬからまご、まごからおばあさん、おばあさんからおじいさんへとつながる「ひっぱって」には、みんなの力が結集していくと考えるか、もしくは、登場人物の中で、ねずみという力の弱いものから、おじいさんという力の強いものへと順に「ひっぱって」が強くなっていくのか、同じように声を強くしていくと考えたとしても、その理由には子どもたち一人一人の解釈が含まれてきます。ここにも交流を行う意図があります。

　また、この場面の「ひっぱって」を問うことで、前出の「ひっぱって」はどのように読んでいくとよいのか、疑問に思う子どもも出てくることでしょう。物語を通して出てくる「ひっぱって」という言葉を問うことにより、物語全体を再読する機会となることが考えられます。

問いに正対するための条件

　この〈問い〉に正対するためには、繰り返し出てくる「ひっぱって」の言葉と、この場面のイメージが合致している必要があります。物語中に出てくる「ひっぱって」

の繰り返しを楽しく読む活動をさせたり、動作化したりして、登場人物がどのように、どんな力加減でひっぱっているのかを具体的にイメージさせることが大切です。

交流で期待する反応

Ｃ１：同じ「ひっぱって」って書いてあるから、同じ読み方でいいんじゃないの。

Ｃ２：ねずみがひっぱる力と、ねこがひっぱる力は違うんじゃない。

Ｃ３：おじいさんが一番力が強いから、おじいさんの「ひっぱって」を一番大きな声で読めばいいんじゃない。

Ｃ４：ねずみから力が強くなっていって、だんだん大きな声にして読んでいけばいいんじゃない。

Ｃ５：劇をする時には、読む人を一人ずつ増やしていっしょに読んでいけばいいんじゃない。

実践における展開の様子

　子どもたちは、この場面までに登場人物が増えることや、繰り返し「ひっぱって」が出てくることに気付き、楽しく音読をしてきていると思います。動詞が示す動作を切り口にして考えていくため、まずはたっぷりと動作化の時間をとりたいところです。動作化において、かぶをひっぱる人が増えていることや、かかっている力が最も大きい場所はどこか等に着目することで、読み方にも工夫が必要なことに気付くことでしょう。どんな工夫かを考えさせ、それはなぜかということを交流させることで、様々な解釈に触れる機会になります。

　発展的な活動として、かぶをひっぱる登場人物の順序が、おじいさんからねずみへと読む順番が変わった時にどのような印象になるかということを考えてもおもしろいかもしれません。

交流後の解釈例

・ねずみからおじいさんへだんだんと力が強くなっているから、だんだんと大きな声にしていけばいいと思う。

・みんなの力がおじいさんに集まってくるから、だんだんと大きな声にしていけばいいと思う。

・ひっぱる人が増えていくから、だんだんと大きな声にしていけばいいと思う。

> **問い** 誰の力でかぶがぬけたと思いますか。
>
> やっと、かぶは　ぬけました。

問いの意図

　物語の主題の解釈に関する問いです。おじいさんはかぶをぬこうとしましたが、一人でぬくことはできませんでした。おじいさんがおばあさんを呼び、おばあさんがまごを呼び、…と徐々に引き手が増えていって、ねずみが加わったところでかぶをぬくことができました。全員でかぶをつかんでひっぱったのであれば、「みんなでかぶをひっぱってぬくことができた」と言い切ることができるでしょう。しかし、物語の中ではかぶを直接にひっぱっているのはおじいさんだけであり、「誰の力でぬけたのか」という部分には解釈の幅があります。

　まず考えられるのは「全員の力でぬけた」という意見です。一人の力ではぬけず、二人でもぬけず、三人と三匹でようやくぬけます。引き手の数が増えていくことは、力が増していくこととして理解されます。一人では達成できないことでも、仲間と力を合わせることによって成し遂げられるという読みです。

　似ている意見ですが、「みんなの力がおじいさんに集まってぬけた」という意見も考えられます。おじいさん以外の人や動物は直接かぶを引いておらず、その力はおじいさんに集中します。また、おばあさんやまごのみならず、いぬやねこ、ねずみまでもがいっしょにかぶをぬこうとしてくれたことで、おじいさんの力が実力以上に発揮されたとも考えられます。引き手の数が増えることによって力が増すというだけでなく、おばあさんからねずみまで、みんなの存在がおじいさんを勇気付けていることに着目した意見です。

　さらに「ねずみの力でぬけた」という意見もあります。おじいさんがおばあさんを呼んで、おばあさんがまごを呼んで、…という繰り返しは、力の強いものを弱いものが助けるという関係の繰り返しです。弱いものの力があって、物事を成し遂げられたことに着目した意見だと言えます。力を合わせて物事を成し遂げるだけであれば、隣の住民でもまごの友だちでも、登場させられるキャラクターは存在したでしょう。それをあえて、いぬ、ねこ、ねずみという人間よりも非力なものが活躍したということを大切にしたいところです。

問いに正対するための条件

　かぶをぬくことができず、仲間を呼んでいっしょにぬこうとする流れや、引き手の列がどんどん長くなっていくことを動作化を通して実感しておくことが大切です。しかし、参加してくるものが徐々に非力な存在になっていくという、登場人物の力の差は動作化では逆に見えにくくなってしまうので注意が必要です。

交流で期待する反応

Ｃ１：みんなの力でぬけたと思う。

Ｃ２：でも、ねずみが最後に来てくれてぬけたから、一番はねずみの力じゃないかな。

Ｃ３：だけど、ねずみ一匹じゃぬけないよ。

Ｃ１：だから、全員の力だと思う。

Ｃ３：みんなの力なんだけど、かぶをひっぱっていたのはおじいさんだから、みんなの力がおじいさんの力になって、かぶがぬけたと思う。

実践における展開の様子

　交流の場面では子どもたちが意見を述べやすいように、登場人物の絵を紙に描いて貼り出しておく（ペープサートなど）とよいでしょう。教科書の挿絵と同じように、おじいさんからねずみにかけて徐々に小さくしておくと、力の差も視覚化されます。登場人物が徐々に増えていくこと、登場人物には力の差があることをおさえておきたいところです。

交流後の解釈例

・みんなで「うんとこしょ、どっこいしょ。」って息を合わせてぬいたから、みんなの力でぬけたんだと思う。

・一番力が強いのはおじいさんだから、おじいさんだと思う。でも一人だけではぬけなかったから、みんなが手伝ってくれて、おじいさんはがんばれたんだと思う。

・ねずみが来てくれなかったらぬけなかったんだから、力が弱くてもねずみの力が大事だと思う。

1-3 2年「スイミー」 レオ＝レオニ

　「スイミー」は、2年生の子どもたちが主人公スイミーの心情に同化して読むことで、読みの楽しさを味わうことができる作品です。小学校低学年にふさわしい文学教材と言えます。

教材のおもしろさ

> 　ひろい　うみの　どこかに、小さな　魚の　きょうだいたちが、たのしく
> くらしてた。
> 　みんな　赤いのに、一ぴきだけは、からす貝よりも　まっ黒、
> でも　およぐのは　だれよりも　はやかった。

　冒頭の文章で、子どもの心が惹きつけられます。低学年の子どもにとって、作品をいかに深く読み取れるかは、まず主人公への同化にかかっています。個性豊かな小さな魚のスイミーを中心として、小さな魚が寄り添って生きています。一匹だけ、体の色がまっ黒ですが、泳ぎは誰よりも速いという特徴があります。小さな体ですが、泳ぎが速いという魅力的な武器を生かして、仲間と力を合わせ、知恵を働かせて大きな魚に立ち向かっていく物語の展開に、好感をもって読み進めることができます。

　寺田（2005）は、「スイミー」を教材として実践された学習活動の比較と「スイミー」の教材価値との合致点を、学習活動が引き出すおもしろさという視点で分析しています。寺田は、学習活動の傾向として、3つのことを述べています。

　まず、スイミーに寄り添って気持ちを推論することによって、物語をスイミーの成長の物語として読む学習活動があります。

　次に、実際に大きな魚のふりをするなど、動作化を通して、具体的な理解へと導かれるような学習活動です。

　最後に、文章表現の巧みさに注目して、教材の言葉に向き合う学習活動です。

　寺田は、これら3つの傾向が、教材研究で見出される次のような3つの教材価値に合致することを述べています。

　　第一に主人公のスイミーが子どもの心に近い存在だということ、第二に仲間と協力することによって大きな脅威に打ち勝つという内容の明快さ、第三に対比・比

喩・体言止め・常体といった修辞法を駆使した簡潔かつ色彩豊かな文章表現だということである。

さらに寺田は、スイミーの教材価値を生かそうとした学習活動が突き当たる問題点として、「物語の結末だけを掬い上げ、文章表現のごく一部しか扱わない授業は避けなければならない」「いかなる価値目標を設定するのか」「教材のどのようなおもしろさを引き出すのか」を挙げています。

分かりやすい内容にある空所

スイミーの人物像は、「黒い」「速い」というように具体的に位置付けられています。また、仲間を失った悲しみから、仲間と協力することによって大きな魚に打ち勝つという展開は、分かりやすい内容といえるでしょう。

その分かりやすさの中にある「スイミーはなぜ岩陰に隠れていた仲間を外に連れ出そうとするのか？」という空所があります。海の中の様々な生き物を見てきたスイミーにとって当然の誘いとも言えますが、自分の仲間に起きた惨劇の記憶と恐怖を払拭するには物足りない理由とも考えられます。また、スイミーは、「いつまでもそこにじっとしてるわけにはいかないよ。」という誘いの後、「いろいろ」、「うんと」考え、「そうだ！」とアイデアを得ます。逆に言えば、誘った時にはそのような算段はなかったということになります。それでもなお、スイミーが誘ったのはなぜなのか。その理由は、海で生きるということと隠れて暮らすことの違いにかかわることだと考えます。しかし、このような空所に、２年生が正面から挑むことは難しいでしょう。

例えば、ついに大きな魚を追い出した終わりの場面と、楽しく暮らしていた最初の場面とを対比させるために、「どちらのスイミーが幸せなのか」という〈問い〉を投げかけます。どうして魚に打ち勝つことができたのかを考えさせると、仲間と生きることのすばらしさを読み取ることができます。大きな脅威におびえながら生きる「平和」ではなく、自分たちでつかみ取る「平和」へと変革することが、対比することで分かります。素早く泳ぐことができるスイミーしか生き残ることができない世界から、誰もが生き残れる世界に変えていったことが、対比によって明らかになり、そして、仲間の力、連帯の力によって、みんなで幸せをつかむことができたという物語の主題に迫ることができるでしょう。

> **問い** 「にげたのはスイミーだけ。」と書いてありますが、この時のスイミーに何と言ってあげたいですか。

問いの意図

　この〈問い〉は、スイミーへの声かけの形をとりながらも、スイミーの心情を問う問いです。仲間を食べられ一人逃げるスイミーに声をかけるためには、スイミーの心情に寄り添うことが求められます。スイミーの心情を想像するために、叙述を基にスイミーの行動、しぐさ、会話などの言動や表情・口調・様子などをイメージしたり、行動の理由を考えたりします。スイミーの人物像を捉えた読みが必要になります。また、まぐろの特徴や、場面の状況や雰囲気にも意識をもたせたいところです。

　この〈問い〉に対する答えによって、スイミーの心情に寄り添いながら読者としてどのくらい感情移入しているかが分かります。また、想像する内容が多くあることから、「何でもあり」の読みに注意する必要があります。むしろ、交流の中で、それぞれの答えに対する説明を集めながら、取捨選択する機会と言えるでしょう。

　この〈問い〉によって生まれたスイミーへの声かけは、登場人物へ手紙を書く活動につなげることもできます。

問いに正対するための条件

　1場面での学習が生かされます。スイミーと赤い魚の兄弟たちの気持ちや様子を対比させて考えたことが役に立ちます。1場面の学習を踏まえて、2場面の読みを行うことで、この〈問い〉に迫ることができます。仲間をまぐろに一匹残らず食べられてしまったスイミー、自分だけが残ってしまったスイミーの気持ちに寄り添いながら、子どもたちがもつ優しさ、素直さ、健気さを表現する言語活動になります。

交流で期待する反応

Ｃ１：一人だけ逃げるのはずるいよ。

Ｃ２：一人だけ助かりたかったわけじゃないよ。

Ｃ３：スイミーは「みんな赤いのに、一ぴきだけは、からす貝よりもまっ黒」と書いてあるから、まぐろは気付かなかったんだよ。

Ｃ１：そうか。他の魚の兄弟は、赤いから目立つよね。

Ｃ３：スイミーは「およぐのはだれよりもはやかった」と書いてあるから、まぐろか

ら逃げることができたんだよ。

C1：「スイミー逃げられてよかったね。」と言ってあげたいよ。

C2：でも一匹だけ逃げることができて、どう思っているのかな。

C3：「魚の兄弟が食べられて、つらいね。これから一人で生きていくのをがんばっ
　　てね。」と言ってあげたいな。

C2：絵を見ると、一匹だけ下の方に逃げているね。まぐろに気付かれないようにし
　　ているのは、賢いね。逃げのびた後、「こわかった」「さびしかった」「とても
　　かなしかった」とあるから、一人で生きていくことも苦しいよね。「がんばって。
　　命を大切にして、兄弟の仇をとってね。」と言いたいな。

実践における展開の様子

　　スイミーへの声かけを考えるためには、次の項目について十分に読み取りをさせて
から〈問い〉を提示します。①まぐろのおそろしさ（叙述「すごいはやさで」「ミサ
イルみたいに」「一口で」「一ぴきのこらず」）、②スイミーだけ逃げることができた理
由（泳ぐのが速いから、　まっ黒で目立たないから）。2つの項目の読みについて、叙
述をはっきりさせながら確認する必要があります。

交流後の解釈例

○スイミーの特徴を生かして逃げることができたことへの喜び

・逃げることができてよかったね。スイミーは、泳ぐのは速いからね。色がからす貝
　よりもまっ黒だから、目立たないこともいいね。

○おそろしいまぐろの恐怖への同情

・まぐろはとても体が大きいし、一口で魚を飲み込むから、とてもこわかったね。

○仲間を失った悲しみ

・兄弟が食べられてとても悲しいね。楽しく暮らしていたのに、もう楽しいころには
　戻れないね。

○仲間を救うことができなかったことへの悔しさ

・兄弟を助けることができなくて悔しいね。自分がいやになるね。助けたかったね。

○一人ぼっちであることへのさみしさ

・一人ぼっちで、さみしいね。これからどう生きていけばいいのかな。生きていくの
　がつらいね。

31

| 問い | スイミーが見たものの中で、あなたが一番おもしろいと思ったものは何ですか。また、それはなぜですか。 |

問いの意図

　表現の効果を読者として味わうことを目的とした問いです。子どもたちの自由な発想が膨らむ楽しい読みが想定されます。低学年から情景の描写に注目することで、主人公を取りまく場面の様子から、読みを深めていく楽しさを味わうことができます。その中で「自分にとって一番おもしろいと思ったもの」をその理由を添えて伝え合うことで、物語の世界を逸脱した読みを指摘することもできる機会です。「スイミーが見たものの中で」と、スイミーの目線や立場になって考えることが前提となっているので、描かれた場面を捉える必要があります。低学年に情景の描写を捉えさせることには難しさがあります。絵が大きな要素である本教材では、挿絵を用意して並べることが有効です。並べることで海の中の全体像をつくり、スイミーの立場になって海全体の世界観をつくり出すことができます。また、「うなぎ」の様子については、スイミーとの位置関係で考えさせることができます。

問いに正対するための条件

　この場面は、スイミーが仲間をまぐろに一匹残らず飲み込まれた後の場面です。前の場面の最後の叙述「スイミーはおよいだ、くらいうみのそこを。こわかった、さびしかった、とてもかなしかった。」の叙述から、スイミーが落ち込んでいる様子がよく分かります。そして、雰囲気が大きく変わり、スイミーが元気を取り戻す場面になります。前の場面の様子と比べて、スイミーがどんな気持ちになる場面なのかを、叙述を基に子どもたちに考えさせます。スイミーの気持ちが分かる言葉を押さえておくことで、叙述を基にした、海の中の生き物のイメージが膨らみ、固まっていきます。すると、低学年の子が自由気ままに描く生き物ではなく、読みを生かした生き物になります。

交流で期待する反応

C1：僕は、にじ色のゼリーのようなくらげがいいなあ。にじ色は明るい色だから。

C2：私は、水中ブルドーザーみたいないせえびがいいなあ。ブルドーザーは強くて、たのもしいし、ガーガーという音も、元気が出そうだし。

C3：僕は、見たこともない魚たちがいいなあ。今まで見たこともないから、なんか
　　わくわくするよね。見えない糸でひっぱられているから不思議で、おもしろい
　　よ。
C4：私はドロップみたいな岩から生えてる、こんぶやわかめがいいなあ。ドロップ
　　は、いろいろな色があってきれいだし、甘くておいしいから楽しそう。きれい
　　な色の岩から生えてるこんぶやわかめがゆらゆらゆれているのは、笑っている
　　感じがするね。
C5：僕は、うなぎが一番おもしろいよ。しっぽを忘れているほど長いっていうのが
　　よく分からないけど。スイミーは、どういう向きで泳いでいるのかな。
C6：私は、風にゆれる桃色のやしの木みたいないそぎんちゃくがいいなあ。桃色が
　　きれいだね。いそぎんちゃくの細いひだひだが、風にゆれて気持ちよさそう。

実践における展開の様子

　スイミーの気持ちを表す言葉「すばらしいもの」「おもしろいもの」「元気をとりも
どした」を押さえます。上記の言葉を押さえてから、次に海の中の生き物を確認しま
す。生き物を修飾している言葉にも注目させ、どんなことを感じるかを考えさせるこ
とで、想像力が身につきます。修飾する言葉として、「にじいろのゼリー」「水中ブル
ドーザー」「見たこともない」「見えない糸でひっぱられてる」「ドロップ」「かおを見
るころには、しっぽをわすれてる」「かぜにゆれるももいろのやしの木」があります。
挿絵とともに修飾する言葉を確認します。

交流後の解釈例

おもしろいと思ったもの	理由
にじいろのゼリーのようなくらげ	明るい。7色できれい。ゼリーがぷるぷるしていておもしろい。
水中ブルドーザーみたいないせえび	強い。音で元気になる。力持ち。たくましい。はさみがブルドーザーになっている。
見たこともない魚たち	おもしろい魚。めずらしい。ふしぎな動きをしている。
ドロップみたいないわから生えてる、こんぶやわかめ	岩がかわいい形をしている。楽しそう。たくさんの色があってきれい。
かおを見るころには、しっぽをわすれてるほどながいうなぎ	とても長い。顔が小さくて、しっぽが大きい。とぼけた顔。おとなしい。
かぜにゆれるももいろのやしの木みたいないそぎんちゃく	桃色がきれい。ゆらゆら楽しい。ひだがたくさんある。おどっている。

> **問い** なぜスイミーは、この時になってから「ぼくが、目に
> なろう。」と言ったのでしょうか。

問いの意図

　「ぼくが目になろう」は、大きな魚のふりをするためにスイミーにしかできない役
割を担う発言です。「からす貝よりもまっ黒」であるというスイミーは、これまで一
匹だけの特異な存在でした。自分だけ色が他の兄弟たちと異なる中で、スイミーが自
分の個性を発揮する前向きな発言と言えるでしょう。この〈問い〉は、主人公の経験
や考え方を読み取ることが想定されています。例えばそれは、スイミーの「自己肯定
感」や「自己有用感」を捉えるような読みが求められます。

　ただし、低学年の子どもたちが、スイミーの内面的な部分について真正面から向き
合う訳ではありません。この〈問い〉は、その発言の意味に加え、発言の瞬間に注目
したものです。大きな魚のふりができるように仲間を指導しているのは、スイミー
です。スイミーだけが、失敗した時の結末を知っているのであり、仲間より多くの海の
生き物を見てきています。さらに、スイミーには岩陰から仲間たちを誘い出した責任
もあります。生死をかけた猛練習を見届けなければ、スイミーが仲間に混ざって泳ぐ
ことはない状況がここにあります。子どもたちには、スイミーや仲間の行動を考えさ
せながら、練習風景のイメージをもたせていきます。そして、この練習が、スイミー
の悲しい記憶や広い海の世界での経験が生かされるものであることを考えさせていき
ます。

問いに正対するための条件

　〈問い〉にある「この時」以前に、スイミーがしたことが理解されている必要があ
ります。具体的には、スイミーは「さけんだ。」「教えた。」「いった。」の内容を読み
取ります。そもそもなぜ泳ぐ練習をしなければならないのか、この点が腑に落ちてい
ない、あるいはよく分かっていない子どもたちには、「ぼくが、目になろう。」のタイ
ミングなどは問う価値がないものです。スイミーの人物像や仲間を失った経験を踏ま
えたうえで考えさせることで、より切実感のある解釈が見込めます。

　このような、大きな魚のふりという計画にまつわる既習の読みや学習の様子を、掲
示物等でいつでも振り返ることができるような工夫が必要になってきます。

交流で期待する反応

C1：スイミーの目がなくてもいいんじゃないの？

C2：だめだよ。目がないと魚にならないよ。

C1：だったら、はじめから目になっていっしょに泳いでいればいいんじゃないの？

C3：どうして、ここで「ぼくが、目になろう。」と言ったのかな。

C4：みんなが「一ぴきの大きな魚みたいにおよげるようになった」からだよ。

C1：どうして、スイミーは分かるのかな。

C2：そうか。スイミーは離れて見ていたんだよ。だから、目がないとおかしいと思ったんだよ。

C3：なるほど。ちょうど、目は黒だし、スイミーも黒いからね。

C4：スイミーにしかできないね。これで、大好きな兄弟を守れるね。スイミーはまた考えたね。

実践における展開の様子

　まず、「この時になってから」という〈問い〉が求める時間的順序を整理してから取り組むことが大切です。そのために、「この時」に当てはまるのは、いつなのかを考えることになります。それは、「みんなが、一ぴきの大きな魚みたいにおよげるようになったとき」です。

　そして、どうしてスイミーは「およげるようになった」と判断したのか。スイミーの思考と行動の位置にかかわることを確認していきます。つまり、スイミーは、どこにいたのかを考えます。スイミーは、離れて見ていることで、「一ぴきの大きな魚」になっているかどうかを判断しているのです。だからこそ、目の必要性を感じとったと言えるでしょう。〈問い〉を提示したうえで、このような時間とスイミーの位置について共有しておきます。

交流後の解釈例

・自分だけが黒い色をしているから、大きな魚の目になることは最初から決めていた。でもスイミーは、仲間がうまく大きな魚のふりをして泳げるようにならないと意味がないのを知っていたから。

・スイミーは、海の生き物をたくさん見たから、大きな魚がどんなふうに泳ぐのか知っていて、仲間に教えていたのだと思います。もし、ばれてしまったらみんなが食べられてしまうのも知っていたから、上手になるまで待っていたのだと思います。

> **問い** 楽しく暮らしていた時のスイミーと大きな魚を追い出した時のスイミーでは、どちらが幸せでしょうか。また、それはなぜですか。

問いの意図

　主人公の成長を読み取る、物語の主題にかかわる問いです。楽しく暮らしていた時のスイミーと大きな魚を追い出した時のスイミーを対比することで、読んでいる主題が分かります。スイミーにおける対比には、同一場面における対比と複数場面における対比があります。同一場面における対比としては、例えば、赤い魚たちとスイミー（登場人物）、赤と黒（色）、たくさんと一匹（数）などです。また、複数場面における対比としては、楽しく暮らしていた時のスイミーの場面と、大きな魚を追い出した時のスイミーの場面との対比です。場面が象徴する雰囲気や様子を読み取ること、その根拠となる言葉を取り出して対比することで、スイミーにおける世界観や主題に迫ることができます。「幸せ」という前向きな、明るい言葉を使うことで、スイミーの人物像に迫る視点が与えられ、課題が明確な学習活動となります。スイミーの気持ちを読み取ってきた学習が生かされ、一人一人の読みの蓄積が分かります。比較した読みは、次の学習効果が期待できる言語活動です。

- ・共通点や相違点が明確になるので、課題意識が生まれる。
- ・取り出す言葉に注目するため、読みの根拠の話し合いが活発になる。
- ・読むための必然性が高まるので、思考する場面が多くなる。
- ・文章のテーマを多面的に見られるので、考えが深まったり広がったりする。

　以上のことから、比較した読みは、読む能力を高めるために有効であると言えます。

問いに正対するための条件

　対比した読みの学習を積み重ねていくことが大切です。低学年ですから、短い単語に着目した読みを行って、ていねいに指導していくことで学習の仕方が分かってきます。事前の説明文などの学習で、対比することに慣れさせておくとよいでしょう。視覚的に整理できるよう、対比する項目を入れた表があると分かりやすくなります。同一場面での対比の学習を行ってから、その後、複数場面の対比の学習を行うと、無理なく対比できます。また、スイミーの気持ちを吹き出しに記入させたり、場面ごとの絵を描かせたりすることで、スイミーの人物像に迫り、複数場面の対比の学習につな

げることができます。

交流で期待する反応

C1：僕は、楽しく暮らしていた時のスイミーの方が幸せだと思います。大好きな兄
　　弟がいたからです。こわいまぐろにも会っていないし。

C2：でも、いろいろつらいことや悲しいことがあってスイミーは変わったよね。

C3：大きな魚を追い出した時のスイミーにも、兄弟がいるよ。大きな魚を追い出し
　　た時の方が幸せだと思うな。大きな魚を追い出すことのできる仲間がいるから。

C2：私も同じです。スイミーは、大切な仲間を守ることができるようになった。自
　　分が好きになった。すごいね、スイミー。

C3：スイミーは成長したよ。仲間が死んで悲しかったけれど、いろいろな海のすば
　　らしいものに出会って、なんかたくましくなった。冒険をして強くなったから。

C4：スイミーは、仲間の魚の命を守るリーダーだね。こわいものがないね。

C3：仲間を守るために、たくさん考えたスイミーは、賢くなったね。

実践における展開の様子

　同一場面での対比「スイミーと赤い魚たち」として、「色、数、泳ぐ速さ、名前の
有無、気持ち」を比べます。複数場面での対比「楽しく暮らしていた時のスイミーと
大きな魚を追い出した時のスイミー」として、「登場人物の気持ち、場面の雰囲気」
を比べます。

交流後の解釈例

○はじめの仲間といっしょに楽しく暮らしていた時

・いっしょにいた仲間が食べられてしまうのはやっぱりいやだからです。

・兄弟たちはとても大事だからです。きっと、最初にいた仲間は今までずっといっし
　ょにいた仲間だと思います。だから、とても大切に思っていると思います。

○大きな魚を追い出した時

・友達がいなくなってしまったけれど、新しい仲間ができたからうれしいと思います。

・新しい仲間ができただけでなく、自分たちの力で大きな魚を追い出すことができた
　からです。これからは、大きな魚をこわがらずに楽しく暮らせると思います。

・スイミーは、大きな魚から逃げている時に、見たこともないいろいろな生き物に出
　会って、大きな海の世界を知ったと思います。

1-4 2年「お手紙」

アーノルド＝ローベル

　「お手紙」は、アーノルド＝ローベルによるシリーズ作品の中の『ふたりはともだち』に掲載されているお話の1つです。シリーズの中の1つとしてこの物語を位置付けることもできますが、ここでは教科書教材としての価値を捉えていきます。

　松本（2009）は、「お手紙」における大きな疑問として次の点を挙げています。

　　それは、「かえるくんはなぜがまくんにお手紙の内容を教えてしまったのか。そして、手紙の内容を知った2人が、なぜ幸せな気持ちで手紙をまっているのか。」ということである。

　松本の指摘は、「お手紙」における空所を示したものと言えるでしょう。この指摘を踏まえると、①手紙の内容、②手紙が届く前に中身を教えたこと、③二人で手紙を待つ時間、という3つの点に着目した教材分析が必要になります。

手紙の内容

　手紙が来ないことに落ち込んでいるがまくんに、かえるくんはお手紙を書きました。

> 　親あいなるがまがえるくん。ぼくは、きみがぼくの親友であることをうれしく思っています。きみの親友、かえる。

　この内容について、かえるくんの優しさが分かるといったような感想をもつ子どもがいます。それは、手紙がもらえないがまくんに対するかえるくんの行為への感想であって、手紙そのものの言葉に着目していない場合が多くあります。がまくんは「ああ、」、「とてもいいお手紙だ。」と口にします。ここで疑問なのは、がまくんが手紙のどの部分に感動しているのかということです。手紙の内容全体に対する満足感ということもできますが、具体的な言葉や表現に注目することのできるチャンスと考えたいところです。手紙独特の表現などにも触れながら、がまくんがどの言葉に胸を打たれたのか、そこにはどんな理由があるのか、深く考える価値のある部分です。

手紙が届く前に中身を教えたこと

　かえるくんは、なぜ手紙を出したことを最後まで秘密にできなかったのでしょうか。

手紙を書いた側が、相手に対して「手紙を書いたよ。どんなことを書いたかというとね…」と話してしまうことはあまりありません。手紙を受け取った時の驚きや喜びを減らしてしまうからです。しかし、かえるくんには、その代償を支払ってまでも先に教えた方がいいと思った理由があるということになります。もちろん、勢い余ってという想像もつきます。これについては、かえるくん側の気持ちを、物語全体の内容を振り返りながら考えていくことで、"勢い余った"理由を十分に説明していきます。

二人で手紙を待つ時間

　かえるくんが手紙の内容を打ち明けてから、4日という時間が経ちました。注目すべきことは、二人が手紙の差出人と内容を知っているという点です。

> 　それから二人は、げんかんに出て、お手紙の来るのをまっていました。二人とも、とてもしあわせな気もちで、そこにすわっていました。

　二人が手紙を待つことになったのは、かえるくんの告白によるものです。しかし、そのことによって生まれたこの4日という時間には、とても大きな意味があります。高木（2009）は、この手紙を待つ4日間について、次のように述べています。

　　そう考えると、「がまくん」を喜ばせているのは、手紙のメッセージもさることながら、「かえるくん」が一緒に居てくれること、あるいは四日間も一緒に手紙を待ち続けてくれたということ、それが大きな意味をもっていたことが分かるのではないか。つまり、「かえるくん」は「がまくん」とともに長い時間を過ごすことで、言葉だけでは伝わらない、本当に大切な何かを伝えることができた。そしてそこにこそ「親友」であることの真の証があったと言えるのではないか。

　手紙を出したかえるくんの目的は、がまくんを喜ばせたいという思いです。では、手紙がすでにもらえると分かったがまくんにとっての幸せとは何でしょうか。それは、「楽しい」や「うれしい」ではなく、「しあわせ」という言葉に象徴される気持ちであり、4日間を待つ理由になります。手紙をほしがっていたがまくんにとって、手紙が届けばどんな形であれうれしいことに変わりはありません。手紙を待っている幸せな気持ちと同時に、この時間を同じ気持ちで共有してくれているかえるくんの存在に対しても、幸福感を感じているということが言えるでしょう。

| 問い | 二人は、お手紙に書いてあることが分かっているのに、どうして4日間待っていられるのでしょうか。 |

問いの意図

　この〈問い〉は、二人の「幸せ」について考える問いです。

　物語の終末部分において、教材分析38〜39ページでも述べたように、かえるくんは手紙の内容をがまくんに打ち明けます。例えば「その時、がまくんはどんな気持ちになったでしょう。」と問いたくなる部分です。しかし、それでは、「うれしかった。」という安易な答えに集約されてしまいます。その後、二人がお手紙を待つ4日という時間経過の中から、それぞれの心情を考えることで、「うれしかった。」だけでは説明しきれない行動の理由を交流することができます。

　子どもたちの生活を見ると、郵送されてくる手紙をもらうという経験は少なくなっています。4日間、すでに内容を把握している郵便物を待つということ自体が、長いのか短いのか、子どもたちにはイメージし難いところかもしれません。だからこそ、4日間も幸せな気持ちで待ち続けるがまくんとかえるくんの気持ちを考える意味があります。この問いを通して、子どもたちは物語の本質である二人の友情について考えることになります。

問いに正対するための条件

　この〈問い〉に正対するためには、がまくんがお手紙をもらいたいと思っていることや、その理由を捉える必要があります。お話の冒頭部と終末部に、〈問い〉を考えるにあたってのヒントが隠されているからです。段落ごとの読みの指導で終わるのではなく、物語の全体像をつかむ指導をして、お話の流れを確認しておきましょう。

　さらに、「4日」という具体的な時間の概念と、手紙を「出した側」と「受け取る側」であるという二人の立場の違いも確認しながら学習を進めることが必要です。

交流で期待する反応

Ｃ1：もうさ、手紙の内容が分かったんだから、そこまで待たなくても……。

Ｃ2：そうだね。4日って1週間の半分より長いよね。待ちくたびれちゃうな。

Ｃ3：でも、それぐらい待てちゃうくらい、二人にとっては大切なものなんだよ。

Ｃ2：お手紙をちゃんと受け取ってみたいのかな、がまくんは。

C3：お話のはじめに、あんなに手紙をほしがっていたし、せっかくなら郵便屋さん
　　からもらいたいのかも。
C2：かえるくんが、がまくんといっしょにいるのはなぜなんだろう？
C4：かえるくんも、手紙が着くのを見たいんじゃない？　きっとがまくんは手紙を
　　もらった時、とっても喜ぶと思うし、せっかく友だちに手紙を出したんだから、
　　様子が見たい。
C1：そしたら手紙をもらったがまくんも幸せだし、かえるくんも幸せな気持ちだ。
C2：だから、4日間でもずっと気持ちよく待っていられるんだ。

実践における展開の様子

　今回の〈問い〉は、物語の内容理解が十分に深まったタイミングで示すことが望ましいでしょう。そして〈問い〉の提示後には、「4日」という時間の概念についても確認しておくことが必要です。内容が分かっている手紙に対して、それほどの時間待っていられるという価値があることに気付いてほしいからです。

　その後、がまくんとかえるくん、それぞれの思いを考えさせる活動に入ります。この時のポイントは、二人の異なる立場を確認しておくことです。手紙を「書いた側」と「受け取る側」という、双方の立場を明確にしておくことで、手紙に対するそれぞれの思いが考えやすくなるからです。

交流後の解釈例

○がまくんの気持ち

・がまくんは今まで、ずっと一人でお手紙が来るのを待ち続けていたから、4日間待つくらい大したことはないと思います。かえるくんもいっしょに待ってくれているから、幸せな気持ちで待っていられるし、いっしょに待ってくれているかえるくんがとても優しいと思います。

○かえるくんの気持ち

・自分が書いた手紙を、楽しみに待ってくれているがまくんを見ることができて幸せなんだと思います。がまくんが手紙を受け取った時の顔を見たいんだと思います。手紙がちゃんと届くか不安な気持ちもあると思います。がまくんの親友だからです。

○二人の気持ち

・二人で待つこの時間が、二人とも幸せなんだと思います。待っている間に、友情が深まっています。4日も待てるということは、二人はもう特別なんだと思います。

> **問い** がまくんは、お手紙のどんな言葉を聞いて、「とても
> いいお手紙だ。」と思ったのでしょうか。

問いの意図

　この〈問い〉は、お手紙にある実際の言葉を使って、がまくんの気持ちを具体的に捉えていくための問いです。「言葉を選んで終わり」という活動ではなく、その言葉を選んだ理由まで考えさせましょう。

　手紙の内容を吟味することで、自分が「選んだ言葉」と「選ばなかった言葉」、それぞれの理由を考えることになります。それらを明確にさせることは、根拠を基に自分の考えをもつという論理的な思考につながるほか、後の交流を充実させます。

　また、交流活動においては「お手紙の言葉」という限定された視点があることによって、話題の中心がずれにくいというメリットがあります。

　この〈問い〉を発展させた形として「なぜ手紙でなければならなかったのか？」という問いにつなげることもできます。お手紙に書かれた言葉に着目した後の子どもたちならば、口頭で伝えるよりも手紙として残ること、お手紙を待つ時間が親友としての実感を与えてくれることなど、広がりが期待できるでしょう。

問いに正対するための条件

　子どもたちが「がまくんの気持ちに寄り添うこと」が求められます。

　ある言葉を選んだ理由として、低学年の子どもの様子を思い浮かべると「自分だったら～と言われるとうれしいから。」という考えが多く見られます。作品の内容を理解した解答であるということはできません。

　しかし、上記の視点を子どもに提示することで、「がまくんだったら～」などと、登場人物の立場で物事を考えることができます。これによって、さらに作品世界に踏み込んだ考えを引き出すことができるでしょう。

　さらに「がまくんの気持ちに寄り添うこと」というポイントの中には、これまでの文章を基に考えを導き出す方法も含まれています。「これまでのがまくんは～」などと、がまくんの言葉やかえるくんとのやりとりを思い返すことは、手紙の内容を吟味する活動や交流活動において、考えの幅を広げる手助けとなります。

交流で期待する反応

C1：僕は「きみの親友、かえる。」のところだと思うよ。理由は、がまくんにとっ
　　て「親友」という言葉はすごくうれしいと思うから。

C2：そうだね。がまくんははじめ、「だれもぼくにお手紙なんかくれたことがない
　　んだ。」って、落ち込んでいたもんね。友だちはいないと思ってたんだよ。

C3：それなら「親あいなる」という言葉もいいと思うよ。親友も特別な言葉だけど、
　　「親あいなる」だって特別な人にしか使わないよ。

C4：本当だ。それもありだね。手紙をもらえずに悲しい思いをしていたがまくんに
　　は、ひとりぼっちじゃないよーみたいなことが伝わる言葉が一番うれしいはず。

実践における展開の様子

　〈問い〉を示した後、お手紙の内容を想起するところから授業を始めます。教科書
を開かせずに、どんな言葉が書かれていたか、子どもたちと思い返していきましょう。
その際、正確な言葉に注目させることで、叙述に対する意識が高まります。また、か
えるくんの手紙をもらった後のがまくんの反応も確認しておく必要があります。

　その後、自分の考えをまとめる活動をしてから交流活動に入ります。交流グループ
ごとに、手紙の文面を書き出した大きなワークシートを用意します。自分が選んだ言
葉にサイドラインを引きながら選んだ理由を発言するように確認します。1枚のシー
トに仲間の考えを書き加えながら交流をすることで、共通点なども見つけやすくなり、
交流活動が活発になります。

交流後の解釈例

○「親あいなるがまがえるくん。」

・「親あいなる」という言葉は、手紙っぽい言い方だと思います。ずっと手紙がほし
　かったがまくんは、手紙っぽさを一番感じていると思うからです。この言葉は、い
　つもは使わない特別な言葉だし、特別な人にしか使わない言葉だと思います。

○「ぼくは、きみがぼくの親友であることをうれしく思っています。」

・これを聞いたがまくんは、自分がかえるくんにとって、必要なんだと気付くことが
　できたと思います。ちょっと特別な言い方な感じがしてうれしいと思います。

○「きみの親友、かえる。」

・一人ぼっちだと思っていたがまくんにとって、「きみの親友」と書いてくれたのは
　とてもうれしいことだと思います。友だちだなあと確かめられたと思います。

| 問い | がまくんが一番悲しいのはいつですか。また、一番幸せなのはいつですか。 |

問いの意図

　この〈問い〉は、主人公の心情の変化を読み取るための問いです。

　低学年の発達段階において、登場人物の心情変化を確認する作業は工夫が必要です。むやみに、「主人公はお話の中でどのように気持ちが変わりましたか。」などと聞いても正確に答えられる子どもの数は限られてしまうでしょう。しかし、この〈問い〉のように、「一番悲しい」「一番幸せ」という条件を提示してお話を読むことで、読み取りの基本となる「登場人物の心情変化」を自然と考えることができます。

　「一番悲しい」「一番幸せ」な時がいつであるか確認することができれば、心情の変化と合わせて、それに至る「きっかけ」も考えやすくなります。「はじめと終わりでがまくんの気持ちが変わっていた」という確認で終わらないように注意します。

問いに正対するための条件

　「一番悲しい」「一番幸せ」なのはいつであるかを考える時、それぞれ子どもからは複数の考えが挙げられることが予想されます。それらの考えに１つ１つ明確な根拠をもつことを意識させましょう。後の交流活動が活発に進みます。

　がまくんは、お話の大半を悲しい気持ちで過ごしています。悲しい気持ちが分かる叙述を探してみると、いくつもそれにあたる候補が存在します。しかし、「一番悲しい」という条件にあてはめて考えると、明確な根拠がない限り「これだ」と主張できる答えをもつことはできません（幸せである時も同様）。

　〈問い〉に対して子どもたちが、何をもって「一番悲しい」「一番幸せ」であると考えるのか。それをグループや全体での交流を通して確認する作業が必要です。

交流で期待する反応

Ｃ１：じゃあまず、一番悲しい時について考えよう。僕は一番はじめの、玄関にすわっているところだと思うよ。だって「一日のうちのかなしい時」とか「とてもふしあわせな気もち」とか、がまくんが言っているから。

Ｃ２：はじめのところか！　私はがまくんがお部屋に戻った後だと思ったな。だってその時、優しく話しかけてくれたかえるくんに対してひどいこと言ってたでし

ょう？　手紙は来ないし、友だちには八つ当たりしちゃうわで、どん底の気分だと思うなー。

C1：でもそこは、「悲しい」じゃなくて「怒り」みたいな気持ちじゃないかなー、と思ってやめたんだよね。

C3：あーなるほどね。そう考えたのか。でもやっぱり一番悲しいって考えると、怒っているってことを入れても、そこなんじゃないかな。

C4：うん。賛成。じゃあ幸せなのはいつ？　私は、最後の「とても喜びました。」かな。だってお手紙をもらったところだから。

C1：僕は「ああ」のところ！　初めて手紙の内容を聞いて、感動したと思う。だから一番なのはここかなって思った。

実践における展開の様子

　お話の内容を大まかに確認した後に、この〈問い〉を提示します。「いつ」と聞いていることに注目し、「会話文」「地の文」「場面の様子」など、どのような答え方でもよいということを確認しましょう。これにより、子どもたちの答えの幅が広がります。

　子どもたちの答えがいくつかに分かれることを想定して、グループ交流後の全体交流の場では、時系列毎にがまくんの気持ちがまとめられるよう、板書を工夫しましょう。そして、それぞれのグループから出た答えに対して、子どもたちが1つ1つ納得しながら学習を進めていけるように、教師が授業をコーディネートしていきましょう。

　全体での交流が終わったら、それぞれ「一番悲しい」「一番幸せ」な時に注目し、がまくん（主人公）の気持ちが変容していくことに気付かせます。そして、その変容のきっかけは何であったかを問いかけ、確認しましょう。この時に、今後の学習でも、この考え方が活用できることを子どもに説明するとよいでしょう。

交流後の解釈例

・一番悲しいのは、手紙が来なくて、お部屋に戻った後の「ぼく、もうまっているの、あきあきしたよ。」だと思います。最初に、玄関にすわっている時の「今、一日のうちのかなしい時なんだ。」「とてもふしあわせな気もちになるんだよ。」よりも、やっぱり来なかったっていう気持ちが入っていると思います。

・一番幸せなのは、手紙を二人で待っている時だと思います。手紙の内容を聞いて、そのすばらしい手紙を、いっしょに待っていてくれる友だちがいるからです。

> **問い** かえるくんは、お手紙に書いたことをがまくんに教え
> ました。あなたはどう思いますか。

問いの意図

　　この〈問い〉は、がまくんの気持ちが変わるきっかけとなる場面についての問いで
す。他の〈問い〉との関連性を生かして指導してもよいでしょう。

　　ここで重要なのは、「あなたはどう思いますか。」という部分です。多くの授業では、
登場人物の気持ちにたとえて学習を進める場面ですが、子どもたち自身の考えを聞く
シンプルな内容となっています。しかし、これを考えるには、内容の理解が重要とな
ってきます。ただ単に「良くないと思います。」とか「良かったと思います。」で、ま
とまる内容ではないからです。

　　自分なりにお話を思い返し、はじめのがまくんの様子や、そんながまくんに手を差
し伸べたいかえるくんの奔走などを手がかりに考えを深めることができます。

問いに正対するための条件

　　〈問い〉に正対するためには、先に述べたとおり、これまでのお話の内容を踏まえ
て自分の立場を明らかにする必要があります。しかし答え方は多様にあります。

　　①がまくん側の気持ちを主張

　　②かえるくん側の気持ちを主張

　　③両方の気持ちを考えて主張

　　④お話の結末を考えての主張　　　　など

　　子どもたちがどの視点を大切にして、論を進めていくかが今回の学習のおもしろさ
です。ただ、低学年の実態を考えると、このような視点が自発的に生まれることは難
しいので、教師が分かりやすく提示することが望ましいでしょう。

交流で期待する反応

C1：私は、がまくんの気持ちを考えたら教えてあげて良かったと思うな。だって、
　　　手紙が来なくてあんなに気を落としていたんだよ。1日でも早く知ることがで
　　　きて良かったと思う。

C2：なるほどね。僕も同じ考えだけど、かえるくんからしたら、落ち込んでいるが
　　　まくんを見ているのは、実はつらかったんじゃないかな。教えてあげてがまく

んは喜んでたけど、かえるくんも楽になって良かったと思う。

C3：うんうん。僕は二人の気持ちを考えてみたよ。C1さんとC2くんが言ったこ
　　ととと重なるけど、二人ともきっとつらかったんだと思う。だから1日でも早く
　　手紙の中身を教えてあげたほうが良かったと思うよ。

C4：でもさ。もしがまくんが手紙を受け取るまで秘密にしていたら、喜びは倍にな
　　ったんじゃない？

C1：教えちゃった方が二人のつらい時間が減るからいいんだよ！　お話の最後にも
　　「しあわせな気もちで」とか書いてあったし、がまくんが喜んだことには変わ
　　りない。なら、つらい時間が少ない方がいいよ。

実践における展開の様子

　問いの意図などで触れたように、他の〈問い〉と関連付けて提示する方法も考えら
れます。そして、〈問い〉を提示する時には、「あなたはどう思いますか。」と、問わ
れていることを子どもたちに考えさせましょう。

　その時に、考えの手助けをしてくれるのが先に紹介した4つの視点です。視点を活
用することで、自分の考えに説得力が増すことや、意見を考えやすいという点に気付
くことができれば、次回以降の単元でも活用可能な読みの力となるでしょう。

交流後の解釈例

①がまくんの立場

・もう悲しさの限界だったから、1日でも早く内容を知ることができて良かったんだ
　と思います。

・知らないまま突然届く方が、喜びはもっと大きかったと思います。

②かえるくんの立場

・がまくんが悲しんでいるのを、かえるくんはこれ以上見ていられなかったと思うの
　で、しかたがないと思います。このまま手紙を出したことを言わなかったら、がま
　くんはもう郵便受けを開けなかったかもしれない。

③両方の気持ちを考えた立場

・もう二人とも、悲しさと苦しさでいっぱいだったから、教えるしかないと思います。
　二人の悲しい時間が少しでもなくなるには、これしかなかったと思います。

④お話の結末を考えた立場

・最後に二人が幸せになることに変わりはないから、大丈夫だと思います。

1-5 3年「モチモチの木」

斎藤　隆介

　灯のともった夜のモチモチの木を豆太が見ることは、一人前の猟師の子どもとしての通過儀礼的な意味合いがあり、じさまにとっては、自身の死後を見据えた豆太に対する愛と自立への願いと捉えられます。このように、本作品は、豆太が「灯のともった夜のモチモチの木を見る」ことを中核として、ありとあらゆる表現が意図をもって構成されています。

語りについて

　本作品は冒頭に豆太を「おくびょう」だと断定し、突き放したかのような語りで始まります。高森（1982）はこの書き出しが非常に独特であること、にもかからわず語り手は、時には豆太の心の中を代弁したり、じさまの気持ちを推量したりする、いわば万能な立場で語ることができていることを指摘しています。高森が指摘するような、語りの独特な展開として、次のようなものが挙げられます。

> ①　まったく、豆太ほどおくびょうなやつはない。もう五つにもなったんだから、夜中に一人でせっちんぐらいに行けたっていい。
> ②　いっしょにねている一まいしかないふとんを、ぬらされちまうよりいいからなぁ。
> ③　それなのに、どうして豆太だけが、こんなにおくびょうなんだろうか――。

　①は、物語冒頭から豆太に対する語り手の判断が加えられており、読者に豆太への臆病さを強く印象付けるものとなっています。また、③において、豆太のじさまやおとうが猟師として勇敢であることが語られた後に、「豆太だけ」と対比する形で臆病さが際立たせられています。一方で、「くまにおとうが殺されてしまった豆太にとって、五つで一人でせっちんにいけないことは、本当に臆病なのだろうか。」という疑問を読者にもたせる効果があります。つまり、表現上断定されている「おくびょう」と、豆太を理解する読者の読みに乖離が生じるのです。

　また、②は「一まいしかないふとん」は、じさまが知りえることであり、文末表現「いいからなぁ。」は、じさまの心情を自身の言葉で語っているかのような印象があります。このように、語り手がじさまに寄り添うこともできることを理解した状況で、「①と③は誰の声で聞こえるか」という〈問い〉を投げかけることによって、語り手

だけでなく、じさまもありえるという読みも提出される可能性があります。物語中盤に進むと、高森が述べるように、語りは豆太の心の中も代弁するように展開されていきます。

> だって、じさまも、おとうも見たんなら、自分も見たかったけど、こんな冬の真夜中に、モチモチの木を、それもたった一人で見に出るなんて、とんでもねえ話だ。ぶるぶるだ。

「とんでもねえ話だ。ぶるぶるだ。」と言った表現は、豆太の知覚を通して語られている印象があり、語りの主体として提出される読みは、語り手と豆太の２つの可能性があります。したがって、「この部分の語りは誰の声で聞こえるか」という〈問い〉を投げかけることは、豆太を媒介としてその臆病さを印象付ける語りの意図を、より浮き彫りにしていく効果があると考えられます。

作品の空所について

「まくら元で、くまみたいに体を丸めてうなっていたのは、じさまだった。」の一文では、語り手は豆太の知覚を利用し、豆太に寄り添っているような印象を受けます。しかし、「豆太は……ふっとばして走りだした。」では、一転して豆太を対象化して距離をとっています。「万能な立場」で語ることのできるはずのこのような語りのスタンスの移動は、夜道へ飛び出すという行為の意外性を際立たせています。ちなみに、原作絵本版では、飛び出す直前の豆太のセリフ「イシャサマオ、ヨバナクッチャ！」は「オ」が一見誤表記となっていますが、小西（1990）によって、作者である斎藤隆介が「この瞬間の豆太の心情を考えれば、ここは「オ」でなくてはならない。」と、揺るぎない意図があることが明らかにされています。作者の斎藤は、これまで見てきた語りや様々な表現を関連的・意図的に配列するとともに、夜道に飛び出す瞬間の豆太の心情を空所にしているということが考えられます。

また、冒頭の場面の豆太のセリフ「じさまぁ。」と最後の場面の豆太のセリフ「じさまぁ。」に着目すると、表記上はまったく同じとなっています。このようなテクスト構造によって、「豆太は最初から最後までまったく変わらなかっただろうか。」という問いを読者に投げかけてくれます。本作品の２つ目の空所と言えそうです。この部分にかかわる意味付けは、それぞれの読者によって異なり、しかも作品全体の主題把握と連動していくものと考えられます。

| 問い | 次の文を読む時、誰の声で聞こえますか。 |

・まったく、豆太ほどおくびょうなやつはない。もう五つにもなったんだから、夜中に一人でせっちんぐらいに行けたっていい。
・それなのに、どうして豆太だけが、こんなにおくびょうなんだろうか――。

問いの意図

　教材分析でも触れたように、「モチモチの木」の語りは、三人称限定視点でありながら、ときに豆太やじさまに寄り添う語りになっています。

　この〈問い〉の意図は、そのような語りの構造に気付かせ、語りの視点が変化しているのではないかと考えることで、読者の作品の解釈を広げることにあります。〈問い〉で示した２つのテクストには、誰が語っているかを限定する絶対的な根拠はありません。誰の声で聞こえるか、つまり、「夜中に一人でせっちんぐらいに行けたっていい。」「どうして豆太だけが、こんなにおくびょうなんだろうか――。」と思っているのは誰かと考えると、読者によって解釈が分かれるところでしょう。互いの解釈を話し合うことで、この作品をまた違った視点で捉え直すことが期待できます。

　予想される解釈には、①語り手、②じさま、があります。そして、この部分をどちらの視点で読むかによって、「豆太がおくびょう」だという言葉の意図や登場人物の人物像、作品の主題についての読者の解釈が広がっていくと想定できます。

問いに正対するための条件

　この〈問い〉に正対するためには、「語り手」という概念の理解が必要になります。語り手は第三者的に物語の世界を俯瞰し、登場人物紹介や情景描写をしながら話を展開する役割を担うことが多くあります。例えば、この２つのテクストの間にある「いっしょにねている一まいしかないふとんを、ぬらされちまうよりいいからなぁ。」という語りは、じさまの知覚を利用し、じさまの言葉で語られているようにも捉えられます。このような語りに着目させ、じさまと豆太の関係性を捉えておくと、読みの多様性が保証されると考えられます。

交流で期待する反応

Ｃ１：僕は語り手の声だと思う。じさまの気持ちや豆太の気持ちを書いているところもあるし、語り手として二人の様子を外から見ながら語っているように思う。

Ｃ２：私もそう思う。語り手なんじゃないかな。ふつう、５歳ならこわくて一人でせっちんに行けないと思う。それなのに「おくびょう」って言い続けるのは、豆太が臆病であると強く言いたいんじゃないかな。

Ｃ３：私は、じさまの声で聞こえるな。豆太が一人でも強く生きていけるように「せっちんぐらいに行けたっていい。」って思って、心配しているんじゃないかな。

Ｃ４：僕もじさまだと思う。じさまは猟師だし、「岩から岩へのとびうつり」をしているから、豆太にも強くなってほしいと思っていると思う。

実践における展開の様子

　「おくびょう豆太」の文章を印刷し、文章に線を引いて誰が語った文章なのかを書き込むように指示を出します。こうすることで、本文中のどの言葉に着目して解釈したのかという、自分の読みの根拠と理由が明確になるでしょう。また、交流の際には、互いのシートを突き合わせることで、叙述を基にした根拠を含めて読みの違いを明らかにしながら話し合うことができます。さらに、全体交流では本文を拡大したものを掲示して発言内容を書き込みながら、子どもたちが根拠の違いを視覚的に捉えられるようにします。

交流後の解釈例

①語り手

・物語全体を語っていて、豆太が臆病だと強調するために物語の最初から語っているのだと思います。豆太が臆病であることを繰り返し語って、その後の、豆太の勇気のある行動との違いを大きくしようとしているのだと思います。

②じさま

・「豆太がかわいそうで、かわいかった」というじさまの気持ちで語られていると思います。豆太を臆病と言うことで、おとうとじさまが強かったことを強調しているのだと思います。そして、じさまは豆太のおじいちゃんとして、豆太がかわいくて、将来は豆太に強くなってもらいたいのだと思います。

> **問い** ## 次の文を読む時、誰の声で聞こえますか。
>
> 　だって、じさまも、おとうも見たんなら、自分も見たかったけど、こんな冬の真夜中に、モチモチの木を、それもたった一人で見に出るなんて、とんでもねえ話だ。ぶるぶるだ。

問いの意図

　冒頭の場面において、語り手は三人称限定視点でありながら、じさまの知覚を利用している部分もあるため、前時の〈問い〉に対する読みとして、語りの主体が典型的にじさまと語り手の２つに分かれるであろうと考えられました。

　しかし、作品中盤におけるこの語りは、「とんでもねえ話だ。」「ぶるぶるだ。」など、豆太の知覚が利用されているため、豆太に寄り添うように語られています。したがって、予想される読みとしては、①豆太、②語り手、が考えられます。この部分テクストが「誰の声で聞こえるか」という問いを投げかけることによって、前時の〈問い〉によって形成された読み（例：語り手…語り手が豆太の臆病さを印象付けようとしている。／じさま…豆太に一人前の猟師として、勇気をもってほしい。）がリソースとなって読みがつくられることになります。

　例えば、①豆太、と考えるのであれば、「じさまの期待に応えたいけど、やっぱり自分じゃ無理だ、とあきらめてしまっている」と、じさまの願いと関連付ける読み、②語り手、と考えるのであれば、「豆太が言っていないのに、語り手が臆病さを印象付けるためにわざと強調して言っている」と、語り手の意図をより浮き彫りにしていく読みになっていくことが考えられます。

　言い換えるならば、この〈問い〉によって、参加者的に登場人物の心情に寄り添って作品を読むか、見物人的に作品の構造に着目して読むかという、学習者それぞれの読みの方略が分かれる可能性があります。その交流によって、それぞれの読みの方略の変容が期待できます。また、この語りのテクストが、次の場面での豆太が一人夜道に飛び出すという行動を際立たせるという効果があることを捉えていくことにもつながります。

問いに正対するための条件

　前時の〈問い〉との組み合わせ等によって、語りが語り手自身の声、じさまの声、豆太の声で聞こえる箇所があり、常に一定の視点から語られていないことを押さえて

おく必要があります。

交流で期待する反応

C1：僕は、語り手の声で聞こえるな。理由は、「モチモチの木」は、最初の場面か
　　ら語り手が物語を語ってきているから。

C2：私は、豆太だと思う。理由は、「ぶるぶるだ。」と言っているから。これは、5
　　歳の豆太らしい言い方だよ。

C3：豆太だと思う。「じさまも、おとうも見たんなら、自分も見たかった」から、
　　じさまの期待に応えたいけど、自分はどうせだめだってあきらめている。

C4：でも、登場人物の豆太が思ったことなら（　　）が使われるはずだよ。豆太が思
　　ったことのはずなのに（　　）を使って書いてないよ。ここは、語り手がわざと
　　豆太の気持ちを強く言っていると思う。

実践における展開の様子

　前回の学習において、語りの声が語り手やじさまの声で聞こえた箇所があったこと
を確認します。そのうえで、今回学習する場面の語りは、誰の声で聞こえるかよく考
えながら音読するように意識させます。その際、「あ、これ豆太の声じゃない。」など
の子どもたちのつぶやきを拾ったり、教師から「どうして「ぶるぶるだ。」だけ、そ
んな読み方をしたの？」などと問いかけたりして、提示する問いに対する部分テクス
トに着目させるようにしていきましょう。テクストに着目した後、「誰の声で聞こえ
ますか。」と問いかけ、〈問い〉が子どもたちに意識化されるようにします。

交流後の解釈例

①豆太

・豆太はせっちんにもいけない臆病な子だし、そんな豆太の気持ちがよく表れている
　から。「とんでもねえ」「ぶるぶる」という言い方も豆太らしい。

②語り手

・登場人物が思ったことであれば、（　　）を用いて表現されるはずだから。ここで、
　豆太の心の中に入り込んで、豆太の臆病さを強調している。

> **問い** 豆太が「小犬みたいに体を丸めて、表戸を体でふっと
> ばして」走りだしたのはなぜでしょうか。

問いの意図

　これまで「まったく、豆太ほどおくびょうなやつはない。」「それなのに、どうして豆太だけが、こんなにおくびょうなんだろうか──。」「モチモチの木を、それもたった一人で見に出るなんて、とんでもねえ話だ。ぶるぶるだ。」と、じさまや豆太の声でも聞こえうる語りに着目してきました。豆太が夜道に飛び出す直前の語り「まくら元で、くまみたいに体を丸めてうなっていたのは、じさまだった。」の一文も豆太の知覚に近い形で述べられており、豆太に接近しているような印象があります。しかし、次の一文「豆太は……ふっとばして走りだした。」では、豆太を対象化して距離をとって語られており、豆太の心情が語られていません。この語りのスタンスの移動は、読者に豆太がどのような心情であったのかを想像させる契機となります。この場面の豆太の心情を考えることは、最初と最後に「じさまぁ。」と同じ言葉で話す豆太は成長した存在として描かれているのか、それともそうでないのかという、作品の最終的な価値付けにかかわる読者の判断材料となることが考えられます。

　予想される解釈には、様々なものがあると考えます。例えば、「小犬みたいに体を丸めて」に着目すれば、①「夜中に一人で出て行くのは初めてでこわかったから」、②「こわさで体を小さくしないと、外へ行けなかったから」。「表戸を体でふっとばして」に着目すれば、③「何も考えず、とにかく飛び出さないと行けないから」、④「じさまをとにかく早く救いたかったから」などです。関連させる根拠としては、前述したような豆太の臆病さにかかわる語り、豆太のおとうはくまに殺されてしまったこと、じさまのうなり声がそのくまと同じように聞こえたこと、いつもどおり助けてくれるはずのじさまの様子がまったく違い、ころりとたたみに転げてうなるだけだったこと等、様々なものがあります。交流の中で、それぞれの読みの方略を意識化したり、提出される根拠を関連的に捉えさせたりしていくことによって、読みの深化ないし読みの方略の変容が期待できます。

問いに正対するための条件

　この〈問い〉に正対するためには、豆太が５歳の幼児であること、その幼い豆太のおとうがくまに殺されてしまったという、豆太の人物設定や状況をしっかりと捉えて

おく必要があります。そうすると、子どもたちは、豆太が臆病であると決めつけられたような表現が、幾度もなされていることを捉えていくでしょう。

交流で期待する反応

C1：こわすぎて、きっと体を丸めないと外に出られなかったんだと思う。

C2：何も考えられなくなって、とにかく体が先に動いたんじゃない。

C3：自分のおとうをくまに殺されているし、じさまのうなり声もくまみたいだったから、自分も殺されると思うくらいこわくて仕方なかったけど、じさまを助けたいから飛び出したと思う。

C4：豆太にとって、夜、モチモチの木、じさまがいなくなること全部がこわいし、一人で出るのは初めてだから、表戸をふっとばしたと思う。

実践における展開の様子

「じさまがくまみたいなうなり声をあげた後、豆太はどうした？」と問い、「外に飛び出した。」という子どもたちの素朴な反応を引き出します。そのうえで、「ふつうに飛び出したの？　こんなふうに？」と教師が動作化を取り入れたり、「小犬みたいに体を丸めて、表戸をふっとばしてってどんな感じかやってみて。」と子どもたちに動作化させたりするなどして、「小犬みたいに体を丸める」「表戸をふっとばして」のテクストに着目させます。そのうえで、どうして「小犬みたいに」「表戸をふっとばして」飛び出したのかを問うようにします。

交流後の解釈例

・豆太はこれまで、「夜」と考えただけでもおしっこをもらしてしまいそうなくらい臆病だったけど、じさまが転げてしまったことで、これまでの自分じゃだめだと思って、思いきって外に飛び出したと思う。

・豆太にとって、一人で外に出ることは自分も死んでしまうくらいこわいことだったけど、おとうに続きじさまも亡くしてしまうことの方が、よっぽどこわいことだと思ったから、自分の命をかけるくらいの気持ちで外に飛び出した。

・豆太にとって、外に出ることは初めてのことだし、夜、くま、モチモチの木、じさまが死ぬかもしれないことなど、こわいものばかりだったから、そのこわさで体が小さくなったし、何も考えられなかったから表戸をふっとばしたんだと思う。

問い 豆太の最初の「じさまぁ。」と最後の「じさまぁ。」は、同じでしょうか。

問いの意図

　じさまのために半みちもあるふもとの村まで医者様を呼びにいき、モチモチの木の灯を見た後の語り手の語りは、豆太に対して、「と、しょんべんにじさまを起こしたとさ。」と柔らかく、温かなものになっています。はじめに「じさまぁ。」と言ってしょんべんに起こす豆太のセリフと、終わりの「じさまぁ。」と言って起こす豆太のセリフは、テクスト上の表記はまったく同じですから、事件が終わった後、豆太が元の臆病豆太に戻ったと読む子どももいるでしょう。つまり、豆太の変容を巡る子どもの読みは、①結局豆太はまったく成長しなかった、②いざという時にだけ力を発揮できたけど、そんなに大きくすぐに成長するものではない、③死を覚悟するほどの大きな経験を経て、実は大きく成長しているなど、様々なものがあることが考えられます。

　この部分にかかわる反応は重要で、読みによっては、この作品に対する価値付けが大きく異なることになります。ここでは、上記のような子どもたちの暗黙のうちにある読みを顕在化させ、これまで形成してきた読みと関連付けたり、作品に対する見方や考え方を広げたり深めたりする姿を期待します。

問いに正対するための条件

　この〈問い〉に正対するためには、豆太が決して簡単にじさまを助けたのではなく、強い恐怖を乗り越える、あるいは強い恐怖に負けないように何も考えずに表戸を飛び出していったということを捉えている必要があります。もし、豆太にとって簡単に飛び出してしまっていたという読みを形成していたとしたら、これまで述べていた語りの構造や意図とはまったく異なり、作品を価値付ける読みになることはありません。その場合は、もう一度語りの構造を確認したり、なぜ「豆太が小犬みたいに」「表戸をふっとばして」飛び出したのかを読んだりする必要があります。

交流で期待する反応

Ｃ１：同じような感じだけど、違う気がする。

Ｃ２：はじめの「じさまぁ。」は、本当にこわがっているけど、最後の「じさまぁ。」は、わざと甘えている感じ。

C3：安心しきっているから、やっぱり元の豆太に戻ってしまっているから同じだと思う。

C4：あれだけ自分で勇気を発揮できたから、最後の「じさまぁ。」は全然違うと思う。

実践における展開の様子

　「結局、豆太はこのお話を通して成長したのかな？」「変わらなかったのかな？」などと問い、最初の「じさまぁ。」と最後の「じさまぁ。」が同じ表記であることを捉えさせます。そのうえで、最初の「じさまぁ。」と最後の「じさまぁ。」は同じかを問い、その理由を、豆太の心情やこれまで形成してきた読みと関連付けて考えさせるようにします。つまり、この場面では、テクスト上の表記が同じかどうかが問われている内容ではなく、豆太の「じさまぁ。」に含まれる心情が作品に対する子どもたちの価値付けと同じかどうかを問うことを意味しています。もし、「同じか」という〈問い〉だけではその意図が伝わらない場合は、豆太の「じさまぁ。」の言い方には違いがあるかという補助的な問いをしていくことも考えられます。

交流後の解釈例

・最初の「じさまぁ。」は、本当にこわがって、震えるような声で言っている感じがするけど、最後の「じさまぁ。」は安心している感じで、わざと甘えている気がする。

・最初の「じさまぁ。」と最後の「じさまぁ。」は表記も同じだし、どちらもこわがっていると思うから、じさまも元気になって、豆太は元に戻ったと思う。

・最初の「じさまぁ。」はかなりこわがっているけど、最後の「じさまぁ。」は、あまりこわがっていないで、笑顔で言っている気がする。じさまを助けることができて、自信をもつことができたので、気持ちの面では大きく違う気がする。

1-6 3年「わにのおじいさんのたから物」 川崎 洋

「わにのおじいさんのたから物」には、たから物を通した、おにの子とわにのおじいさんとの交流と誤解が描かれています。登場人物の立場によって、物事の捉え方が異なり、出来事はそれぞれの人物の考えにそって起こっていくことが分かりやすく描かれています。本作品においては、たから物を媒体とした二人の登場人物の価値観の相違や思い込みに、いくつかの側面からの問いによって、アプローチすることができます。

二人の登場人物の人物像

本作品に登場する二人には、いくつか対照的に描かれた点があります。「百三十才くらい」と思われるわにのおじいさんに対して、物事について多くを知らないおにの子。わにのおじいさんには、たびたび、「しわしわくちゃくちゃ」という表現が使われます。そして、おにの子が、わにのおじいさんのせなかの地図を書き写す場面は、次のように述べられています。

> わにのおじいさんに言われて、おにの子は、おじいさんのせなかのしわ地図を、しわのない紙にかき写しました。

「しわ」は、わにのおじいさんが重ねてきた経験の象徴と言えるでしょう。まっさらな紙にかき写すおにの子は、その対照としてあります。本作品において、わにのおじいさんは、たから物という大きな価値を文字通り背負って生きています。わにのおじいさんは、経験として培ってきた「たから物」という既成概念的な価値を、おにの子の「無知ゆえの無価値」という感覚によって自覚し、荷を降ろしているようでもあります。

本作品は、たから物を知ろうとするおにの子の立場で読むのか、たから物という重荷を降ろそうとするわにのおじいさんの立場で読むのかで、その印象が変わります。

物語の空所

この物語の空所として、わにのおじいさんがなぜたから物をおにの子にあげたのかという点があります。出会ったばかりのおにの子に、命をねらわれるほどのたから物をあげるわにのおじいさんの決断は、十分な説明のないまま次のように表れます。

そして、しばらく、まじまじと、おにの子の顔を見ていましたが、やがて、そのしわしわくちゃくちゃの顔で、にこっとしました。

　叙述から分かる理由は、死んでいると思ってたくさんの葉っぱを集めたおにの子の行動、たから物というものを知らないおにの子の様子です。しかし、わにのおじいさんがたから物をあげようと決めた理由には、自身の境遇や事情が当然含まれているはずです。もらったおにの子に注目するのではなく、問いを通して、わにのおじいさん側に立った読みが必要です。

問いにつながらない空所

　わにのおじいさんのたから物が結局なんだったのかという点は、子どもたちにとっても気になるところです。これについて、語り手は全てを知っている立場として、次のように語っています。

　その立っている足もとに、たから物を入れた箱がうまっているのを、おにの子は知りません。

　わにのおじいさんのたから物は、命をねらわれる、せなかのしわがたからの地図、×印の下にうまっている、箱に入っているという性質をもったものです。おにの子にたから物をあげようとしたわにのおじいさんの決断と関連付ければ、本作品におけるたから物は、桃太郎が鬼ヶ島から持ち帰ったたから物のような、一般的なたから物でなければなりません。例えばそれは、箱の中に入った金銀財宝ということになるでしょう。しかし、誰が見てもたから物だと言えるような一般的なたから物が、具体的に何なのかについて答えることはできません。

　また、結局おにの子はたから物を手に入れたのかといった、続き話にかかわる学習活動にも注意が必要でしょう。本作品は、続き話を考えさせたくなる構造をもっています。おにの子が、わにのおじいさんのたから物を見つけていないことが読者の心に大きく残り、その後を思わず考えたくなる結末です。しかし、その後のおにの子やわにのおじいさんについての妥当な物語は、多様なものとはなり難く、「何でもあり」なものになりやすいと言えます。続き話としてではなく、このような終わり方に注目させたり、自分なりのたから物を見つけたおにの子へ読者としての声をかけたりすることで、作品世界を深める〈問い〉を生み出す必要があります。

問い わにのおじいさんが、「君に、わしのたから物をあげよう。」と言ったのはなぜでしょうか。

問いの意図

　教材分析58〜59ページで述べたように、わにのおじいさんがなぜおにの子にたから物のことを打ち明けたのかは、十分な説明がありません。「君に、わしのたから物をあげよう。」という決断に至った動機を考えることは、わにのおじいさんの人物像を形成することであり、その根拠となるおにの子の人物像を形成することでもあります。また、二人の関係を意識した答えが求められるところです。

　わにのおじいさんがおにの子と接した時間は決して長くありません。それどころか、おにの子はわにのおじいさんが死んでいると誤解していました。わにのおじいさんが、長年隠してきたたから物をあげる理由として、おにの子の行動と様子はいささか説得力に欠けます。

　その中で子どもたちは、分かりやすいおにの子の行動に「優しい」という印象を結びつけて、わにのおじいさんがたから物をあげる理由を説明してしまいがちです。重要なことは、おにの子の様子を受け止めるわにのおじいさんの境遇や事情です。たから物について知らないおにの子よりも、そのことを一般的なたから物に対する考えや価値観を覆すものとして受け止めた、わにのおじいさんに着目する必要があります。

　わにのおじいさんにとってたから物は、命をねらわれる理由であり、もはや自分も他者もたから物にとらわれた存在と言えます。そんなわにのおじいさんにとって、おにの子の無知ゆえに執着しない様子は、自由や純粋という真新しさになります。

問いに正対するための条件

　おにの子の行動を大まかに理解しておく必要があります。おにの子がわにのおじいさんに大きな葉をかけてあげるために費やした時間やその発想を理解し、安易に「優しい」という言葉でおにの子を価値付けないように注意します。

　また、わにのおじいさんとおにの子の会話文、語り手の地の文を整理して捉えておく必要もあります。特に、地の文にある言葉を、わにのおじいさんやおにの子の言ったこととして読まないように、物語の基本的な構成を確認しておくとよいでしょう。

交流で期待する反応

C1：おにの子が、優しい言葉づかいをしているから、わにのおじいさんはおにの子をいい人だと思ったからだと思います。

C2：私は、おにの子がたから物のことを知らないことが、かわいそうだと思ったからだと思います。

C3：C1さんと同じで、優しいと思ったんだと思います。葉っぱをかけてくれて、たから物を取ろうとしている人たちとは全然違うと思ったと思います。

C4：C2さんは、かわいそうだからって言っているけど、わにのおじいさんはちょっと笑って話しているから、かわいそうとは思ってないと思います。私は、自分は年をとっているから、まだ子どものおにの子が、たから物をこの先ちゃんと使ってくれると思ったからだと思います。

実践における展開の様子

　〈問い〉を提示した際に、わにのおじいさんがたから物をあげようと決断した瞬間に着目できるように、導入を工夫する必要があります。わにのおじいさんが、たから物をおにの子にあげる契機となったのは、たから物の話に全く反応しなかったおにの子の様子です。その直後、わにのおじいさんは「君は、たから物というものを知らないのかい？」という驚きとともに表れたすっとんきょうな声を出します。

　導入では、わにのおじいさんのたから物に関する告白から、あげようと話をするまでの部分を動作化します。二人の登場人物と語り手を役割分担し、どのような声、どのようなしぐさだったかを、動作化とともに実感させていきます。教師が、語り手の役割を担い、ペアで動作化し合うという形も考えられます。

　場面を再現するための議論を整理し、〈問い〉についての交流を始めることで、子どもたちは発言する材料をもって交流に参加できるでしょう。

交流後の解釈例

・わにのおじいさんは、これまでたから物の話をするたびに、ちょうだいと言われたり、無理矢理取ろうとされたりしたんだと思います。おにの子は、おじいさんが話をした後も、なんだかよく分からないという顔をしたんだと思います。たから物の話をしてそんな顔をした人に会ったことがなかったから、わにのおじいさんはあげたんだと思います。

> **問い**　「たから物ってどういうものか、君の目でたしかめる
> といい。」と言ったわにのおじいさんの思いは、かな
> ったと思いますか。

問いの意図

　本作品の解釈には、全体を通しておにの子に寄り添うおにの子モードの解釈、わにのおじいさんに寄り添うわにのおじいさんモードの解釈、語り手モード（第三者的）の解釈、読者視点の解釈があります。その中で、この〈問い〉では、わにのおじいさんモードから読者視点の解釈への移行が意図されています。

　わにのおじいさんは、おにの子にたから物をあげると宣言した後に、本人にたから物を確認させようとします。わにのおじいさんは、もちろん自分のたから物をおにの子にあげたくて、この言葉を発しています。そこには、たから物を見たおにの子の驚きと喜びが想像されています。夕やけはわにのおじいさんのたから物ではありませんが、たから物をあげたかったというおじいさんの思いはかなったとも言えます。一方、わにのおじいさんは、たから物をあげることでたから物を隠してきた重荷を降ろそうとしていますので、その意味では、かなっていないと言えるでしょう。さらに言えば、かなった・かなわなかったを超えて、おにの子の行動と感覚は、わにのおじいさんの価値観や想定を優に超えるもので、わにのおじいさんの満足する結果と言えるかもしれません。

　授業の中では、たから物を見つけていないという点に終始してしまいがちです。わにのおじいさんがおにの子にたから物をあげようと決断した理由と関連させながら、おにの子が見つけたものと、それを見出した価値を考慮します。

問いに正対するための条件

　たから物に対する一般的な価値観を有するわにのおじいさんとは対照的に、たから物というものを知らないおにの子がいます。まずは、この文脈が前提となるように読む必要があります。そして、〈問い〉が指定しているように、わにのおじいさん視点で、かなったのか、かなっていないのか考えていくことになります。したがって、わにのおじいさんの人物像を捉えること、さらには、主張する立場に合わせておにの子の人物像を価値付けられるように細部を読んでいく必要があります。

交流で期待する反応

C1：私は、かなわなかったと思います。わにのおじいさんがあげたかったのは、夕やけじゃなくて、普通のたから物だからです。

C2：僕は、かなったと思います。なぜなら、おにの子は世界で一番すてきな夕やけがたから物だって感じをもっているからです。

C3：僕はC1さんといっしょでかなわなかったと思うよ。「心おきなくあの世へ行ける」と言っているから、もうおじいさんは死んでしまうような年なのに、このままだとたから物が誰にも分からなくなっちゃうよ。

C4：僕も、かなっていないと思います。おにの子は優しいし正直だったから、桃太郎にやっつけられてからたから物をもっていないおにの子が、やっとたから物をもらえるところだったのに、おじいさんもかわいそうだと思うと思います。

C2：そうかな。僕は、おにの子がうれしいなら、わにのおじいさんもうれしいと思うけど。それに、命をねらわれるようなものをおにの子にあげなくて良かったと思うと思うよ。

実践における展開の様子

　まず、一般的なたから物のイラストと挿絵の夕やけを提示して、どちらが誰のたから物かを確認します。そして、どうしてそのような差異が生まれるのか、発言を集めていきます。ここで、たから物に対するおにの子とわにのおじいさんの立場の違いをはっきりさせることと、わにのおじいさんがあげようとした物とその理由を明確にしておきます。そして、〈問い〉にかかわる叙述も示しておきます。

　その後、〈問い〉を示し、「かなったと思う」「かなわなかったと思う」という選択肢を与えると子どもたちは考えやすいでしょう。

交流後の解釈例

・たから物がどんなものなのか知らなかったおにの子が、たから物だと思うものを見つけられたことが大事だと思います。わにのおじいさんも、きっとおにの子が喜んでいる方がうれしいと思います。

・わにのおじいさんは、守ってきたたから物をおにの子にあげられたから、安心しているのだと思います。わにのおじいさんのたから物がまだ足もとに残っているので、かなったとは思いません。

問い

おにの子に、足もとにたから物がうまっていることを、あなたは教えてあげますか。

問いの意図

　この物語に描かれる2つのたから物についての読みを、主体的に形成させる問いです。1つは、おにの子が感じた夕やけという景色のたから物、もう1つは、わにのおじいさんが与えようとした×印の下にうまっているたから物です。

　夕やけを眺めるおにの子に足もとにたから物がうまっていることを教えるのかどうかは、それぞれのたから物を読者がどのように意味付けているのかにかかわります。阿部（2014）は、物語全体の読みにかかわる問いとして「あなたは、夕やけを見ているおにの子に何と言ってあげたいですか。」を設定し、読みの交流を行っています。この〈問い〉は阿部の問いを基にしつつ、3年生の実態を加味して選択肢をしぼり、より話題を焦点化したものになっています。

　本作品は、おにの子が夕やけをたから物だと思い込むことによって、わにのおじいさんとの価値観のずれが収束していきます。物語にとっては重要な落とし所でありますが、子どもたちの「教えてあげたい」という気持ちも、読者の立場として十分に考えられるものです。いずれにしても、その理由に読み手としての立場が表れます。教師は選んだ理由に注目し、価値付けていく必要があります。

　おにの子が見つけた夕やけに意味をもたせ、「教えない」とする子どもたちは、作品のテーマや一貫して描いてあることをある程度受け入れていることが予想されます。「教える」とした子どもたちは、わにのおじいさんに同化し、たから物をもらってほしいという理由が考えられます。また、単にまだ見つけていないからという単純な理由も考えられます。

問いに正対するための条件

　自分だったら教えてもらいたいか、という置き換えには注意が必要です。この場合、子どもたちにおにの子と同化して読ませることになります。おにの子のたから物に対するまっさらな向き合い方が、物語の重要な点であるとすれば、安易に子どもたちが同化できないところです。多くの子どもたちにとって、たから物に対する価値観はわにのおじいさんと同じです。わにのおじいさんに同化して考えることはできますが、おにの子の立場に立った読みは困難です。

物語の終末に続き話を作るような問いであるために、多様な解釈が可能です。自分勝手な解釈に注意しながら、登場人物の人柄や気持ちの変化、情景などについて、叙述を基に答えることが求められます。

交流で期待する反応

C1：わにのおじいさんも、うまっているたから物に気付いてほしいだろうから、足もとにあるたから物を教えた方がいいと思います。

C2：私も、教えた方がいいと思います。夕やけはきれいでも、たから物がないとおにの子は幸せになれないと思うからです。

C3：でも、教えてしまうと、きれいな夕やけの意味がなくなっちゃう気がする。

C4：私も、教えなくていいと思います。せっかく自分でたから物だと思っている物を、他の人が言わなくていいと思います。

実践における展開の様子

　自分勝手な理由付けを避けるために、おにの子の立場や状況を共有してから、交流を始める必要があります。確認すべきことは、次の3点です。

①わにのおじいさんのたから物はおそらくどんな物か。

②おにの子はなぜ夕やけをたから物だと思ったのか。

③おにの子は夕やけを見てどういう気持ちになったのか。

　学習掲示物などで振り返ったり、ペアで話し合わせたりしながら、確認します。特に、②と③の関連性を明示的にするために、②と③から考えられるおにの子の人物像を板書で整理しておきます。

交流後の解釈例

・わにのおじいさんは、おにの子にだったら、今まで隠してきたたから物をあげてもいいと思ったから、教えてあげたいです。このままだとわにのおじいさんがかわいそうだと思います。あと、教えてあげないと、桃太郎に取られた普通のたから物がどんなものか、分からないと思います。

・わにのおじいさんのたから物ではないけど、おにの子は、せっかく夕やけを美しいと思って、たから物だと思ったんだから、言わなくていいと思います。きっとおにの子は、下をほってたから箱を見ても、たから物だとは思わないと思います。

65

> **問い** この物語が次の文のところで終わることを、あなたは
> どう思いますか。
>
> おにの子は、いつまでも、夕やけを見ていました。

問いの意図

　本作品は、おにの子が足もとにうまったたから物に気がつかないまま、いつまでも夕やけを見ている場面で締めくくられます。この〈問い〉は、一人の読者として結末についての考えを求める問いです。結局おにの子は、わにのおじいさんのたから物を見ていません。けれども、本人がたから物と言える風景を見つけています。

　子どもたちに求められる答えは、「良い」「悪い」ではありません。まず、結末のあり方について注目するという読みを経験することです。そして、結末に対する自分の印象と向き合いながら、理想的な結末や受け入れられない結末といった選択肢を想定することになります。オープンエンドな問いであるため、子どもたちそれぞれの考えを語らせたい問いです。物語の結末について評価者的な立場から捉えていくことは、重要な読みと言えます。

　この〈問い〉では、３年生の段階に合った内容として、「終わり方」を「終わったタイミング」として、考えさせます。素直に想像するならば、夕やけを見終わったおにの子は、見つけたたから物の報告とお礼のために、わにのおじいさんの所へ行くでしょう。そして、わにのおじいさんがすでに亡くなっていたという展開、わにのおじいさんに×印の下をほることを教わる展開、夕やけをたから物だと思ったおにの子を大切に考え、それがたから物だと同調する展開が想定されます。このような選択肢が生まれるのは、まさに該当の文で作品が終わっているからです。もう少し先まで文章があっても良かったという子どももいるでしょう。

　答えによって、おにの子の気持ちに同化するおにの子モードで読んでいるか、わにのおじいさんの気持ちに同化するわにのおじいさんモードで読んでいるかが分かります。さらには、結末のあり方から、物語の結末を３年生なりに俯瞰的・客観的に評価しようとする評価者的なスタンスの子どもも期待できます。

問いに正対するための条件

　結末という物語の構造にかかわる点を対象とした問いであるために、問われていることに対する３年生の子どもたちの混乱を避ける必要があります。そのために、先に

述べた「終わったタイミング」に話題を焦点化していきます。

交流で期待する反応

Ｃ１：ここで終わっていいと思います。なぜなら、おにの子が自分で見つけた美しい夕やけが見られてよかったと思うからです。

Ｃ２：私もこの文で終わっていいと思います。まだ続きが隠されているみたいで楽しいからです。

Ｃ３：僕は、ここで終わるのはあんまり好きじゃないな。結局、このままだとおにの子は、わにのおじいさんがあげようとしたたから物を見つけられてないからです。

Ｃ４：どっちかよく分からない。いいのか悪いのかは、分からないけれど、おにの子がわにのおじいさんのたから物を見つけないで終わっている方が、お話はおもしろいと思うよ。この後、わにのおじいさんのところにもどって、また探しにきたら変だし。

実践における展開の様子

　まず、終わったタイミングに課題意識をもたせます。具体的には、もっと前に終わる箇所があるのか、もっと話を続ける方が良いのか、このままで良いのかという３つの選択肢を提示します。その際、もっと話を続ける方が良いという案を議論するためには、多少続きに対する共通理解が必要になります。子どもたちの発言を集めながら、無理のない範囲でいくつかの続き話の可能性を確認しておきます。

交流後の解釈例

・おにの子は、これがたから物だと思って「いつまでも、夕やけを見ていました。」というきれいな景色を見ている感じが、いかにも終わりだと思います。

・この後、わにのおじいさんがおにの子に何て言うのかがとても気になります。このお話はおじいさんのたから物のお話だから、最後はおじいさんが出てきて、おにの子の見つけたたから物の話を聞いたところで終わるといいと思います。

・おにの子はせっかくきれいな夕やけを見つけたから、足もとにたから物を入れた箱がうまっているっていう言葉のところはいらないと思います。おにの子が間違っていることが分からなくていいと思います。

1-7 4年「白いぼうし」

あまん　きみこ

　「白いぼうし」は、登場人物が経験する不思議な世界を子どもたちが感じ取れるファンタジー作品です。描出表現（誰の知覚か曖昧な表現）を中心とする語りへのアプローチの違いによって読みの違いが表れやすい作品だと考えられます。

語りと視点

　「白いぼうし」の語り手は、作品中の人物を「お客のしんし」「松井さん」「もんしろちょう」「おまわりさん」「女の子」「男の子」「お母さん」「白いちょう」と、すべて中立的な三人称で呼びます。語り手の人格的な情報はなく、登場人物との距離を自在にとることができる超越的な存在となっています。また、登場人物との実際の距離や心情が寄り添うことがありますが、登場人物と完全に同化することはありません。
（下線は稿者）

・アクセルをふもうとした時、松井さんは、はっとしました。
・あわてて、ぼうしをふり回しました。
・小さなぼうしをつかんで、ため息をついている松井さんの横を、太ったおまわりさんが、じろじろ見ながら通りすぎました。
・エンジンをかけた時、遠くから元気そうな男の子の声が近づいてきました。

　語り手は、松井さんの心情「はっとした」を述べたり、見え方も松井さんに近かったりすることから、超越的ではありますが、松井さんに寄り添っていると言えます。
　また、冒頭でも述べたように、作品中には描出表現が多くあります。

・「道にまよったの。行っても行っても、四角いたて物ばかりだもん。」
　つかれたような声でした。
・客席の女の子が、後ろから乗り出して、せかせかと言いました。
・ひとりでに笑いがこみ上げてきました。

　このように、「　」の表記はありませんが、語り手からとも松井さんからともとれる描写が見られます。語り手とも松井さんともとれる描写だけでなく、

・松井さんは、あわててアクセルをふみました。やなぎのなみ木が、みるみる後ろに流れていきます。

のように、あわててアクセルをふんだことから松井さんが見た光景なのか、松井さんは運転中のため光景を見ることができないことから女の子が見た光景なのか、または、客観的にストーリーを進めている語り手の見た光景なのか、注目する描写や物語の流れから異なる捉え方をすると思われる描出表現もあります。

　「誰が見た光景か。」と問うと、意見が分かれると思われます。この部分テクストの読みと、物語の主題把握は連動している可能性が高く、この部分に注目して交流を促すことができれば、互いの読みを理解しつつ自らの読みを見直すという、メタ認知にかかわる相互作用が生まれると考えられます。

物語の空所

　「白いぼうし」の最大の空所は、女の子の正体と言えます。作品中に「女の子の正体が少年に捕まっていたちょうである」という確実な証拠は描写としてありません。しかし、女の子が登場したタイミング、いなくなった場所、少年を見た時に松井さんをせかしたこと、野原から「よかったね。」「よかったよ。」という声が聞こえてきたこと等から考えると、女の子＝捕まっていたちょう、と捉えることが可能です。女の子の正体の根拠を交流することで、描写をつなげ空所を埋めることができると考えます。

　「白いぼうし」は松井さんの優しさに注目する授業が多く見られます。逃がしてしまったちょうの代わりに夏みかんをぼうしに入れてあげるなど、松井さんの人柄として優しさを読み取ることはできますが、優しさゆえにちょうを救出したわけではありません。偶然逃がしてしまったと捉えることが自然です。曖昧さがちりばめられている本作品において、ちょうの正体といった空所に注目することで、先に述べた松井さんの優しさから離れ、ちょうを主体とした「ちょうが脱出する話」「ちょうが自分のすみかに戻る話」といった捉え方を可能にすると考えられます。

夏みかんについて

　作品の最初から最後まで通して登場する夏みかんには、自然・愛情・故郷への思いなどが象徴されていると考えられます。また、物語の構造として、夏みかんは不思議な世界へのかぎの役割を果たしていると思われます。

　描出表現となっている最後の一文にかかわる点を問うことによって、物語の捉え方が表出し、交流によって自らの読みを見直すことが可能になります。

> **問い** 「やなぎのなみ木が、みるみる後ろに流れていきます。」は、誰が見た風景ですか。

問いの意図

「やなぎのなみ木が、みるみる後ろに流れていきます。」は、誰から見たことなのか、はっきり読み取ることができない描出表現です。この文を誰が見たものかと考えることにより、物語の捉え方の違いが表出すると考えられます。答えの可能性として、①松井さん、②女の子、③語り手、が考えられます。３つの読みとも可能で、子どもたちが注目する文章や、なぜそう考えたのかという理由が重要となります。

①松井さんであれば、物語を松井さんの行動や心情に寄り添って捉えていると考えられます。物語は終始松井さん側からの視点で語られており、松井さんを主体として「アクセルをふみました。」の叙述から考えていると思われます。この場合、物語を「松井さんの人柄ゆえに不思議な体験をしている」と捉えていることが分かります。

②女の子であれば、「早く、おじちゃん。早く行ってちょうだい。」といった叙述等から、女の子をちょうの化身と解釈し、ちょうの心情を共感的に理解していると思われます。また、女の子と答えた場合、物語を「ちょうが男の子から逃げて、仲間のもとに帰る話」と捉えている可能性もあります。

③語り手であれば、松井さん・女の子のどちらにも寄り添っておらず、物語を外側から客観的に読んでいると考えられます。語り手と答えた場合、物語を「松井さんとちょうの化身の不思議な話」と捉えていると考えられます。

このように、描出表現に注目する部分を問うことで、注目する叙述やそこから推測することが個によって異なり、様々な読み方を交流により知ることができます。

問いに正対するための条件

この〈問い〉に正対するためには、安易に松井さんの優しさだけに注目することを避ける必要があります。松井さん、女の子、語り手のどの立場からでも読みが成立するという共通の認識のうえで考えられるように、女の子や語り手の場合もありうるか、事前に全体で検討しておくとよいでしょう。

子どもたちが、物語に語り手という立場があることを理解していないことがあります。また、語り手が登場人物に寄り添ったり、寄り添う人物が変わったりすることを理解していないこともありえます。物語を客観的に読むということにつなげるための

選択肢として、語り手があります。語り手とはどのようなものなのか、文章の具体的な叙述を基に確認しておく必要があります。

交流で期待する反応

Ｃ１：「あわててアクセルをふみました。」って書いてあるから松井さんが見た。

Ｃ２：私も「やなぎのなみ木が、みるみる後ろに流れていきます。」の前の文の主語が松井さんになっているから、松井さんだと思う。

Ｃ３：「早く、おじちゃん。早く行ってちょうだい。」の後にやなぎの木を見たと思うから、女の子じゃないかな。

Ｃ４：女の子の正体はちょうだと思う。正体を知っているような部分がたくさんあるから、語り手だと思う。

実践における展開の様子

　描出表現にかかわる問いであること、答えが選択できるように事前にありうる立場を確認しておくことによって、読みの多様性は確保できます。しかし、誰を選択するのかよりも、なぜそのように考えたのかという根拠となる叙述や、叙述からどのようなことを考えたのかが重要になります。考えの根拠となる文を指摘させ、そこから何が分かるのかを話題にすることで、子どもたちの考えが表出されるようにします。

交流後の解釈例

①松井さんの場合

・松井さんが運転しながら見ている風景だと思います。このお話は、松井さんが見たことやしたことが、ずっと書かれているので、運転している松井さんが、「たけのたけお」くんがぼうしを開けた時のことを気にしているのだと思います。

②女の子の場合

・女の子がタクシーの窓から見ている風景だと思います。女の子に変身したちょうにとっては、急いで逃げたい時で、男の子がまた捕まえにきたらどうしようと、窓の外がとても気になっているはずです。

③語り手の場合

・ここは松井さんが、ちょうとは知らず、女の子に変身したちょうをタクシーに乗せて運転している不思議な場面です。松井さんが知らないうちに、ちょうを助けていることが分かった方が、お話が楽しいと思うからです。

| 問い | 女の子は何者でしょうか。また、その答えは、どの文からどのように考えたからですか。 |

問いの意図

　松井さんが経験した不思議な出来事を起こしているのは、突然タクシーに乗ってきた女の子です。物語では、女の子が何者であるか明確に表現されている箇所はありません。しかし、「菜の花橋」という１つの場所を、生活しているかのような「菜の花横丁」と言ったり、少年があみをもって現れたのを見て「早く、おじちゃん。早く行ってちょうだい。」と言ったりしていること、女の子が突然消えた場所にたくさんのちょうが飛んでいたことなどを考えると、ちょうと推測することが容易であると考えられます。

　はっきりしたことが書かれていない空所を埋めるために、物語の様々な部分から推測し、推測の根拠となる文や、文から考えたことを交流することは有効であると考えられます。書いてあることから推測することが可能ですが、根拠となる文がいくつもあることから、交流することによって、個の考えを確かにしたり、他の考えを取り入れたりしながら、自分の読み方をつくることができると考えられます。

問いに正対するための条件

　女の子が何者であるか明確に表現されている箇所はないため、書いてあることや全体の流れから推測することが必要になります。そのため、何者であるか明確には書かれてはいないことを子どもたちと確認し、推測するための証拠を探すことが〈問い〉に答えることであることを、子どもたちが認識する必要があります。

　物語全体から何となく「女の子はちょうだ」と考えたり、「ちょうとは関係ない、ただそこにいた人」と考えたりする子どもたちがいる可能性もあります。そのため、女の子がちょうである可能性が高いことを確認する必要もあります。

　交流の途中で女の子の正体を確認したり、何人かの子どもに根拠となる文を言わせたりするなどして、なぜちょうだと言えるのか、その文からどのようなことが推測できるのかを考えることを意識させたいところです。

交流で期待する反応

（答えはちょうであることを前提としている。）

C1：女の子が、「早く、おじちゃん。早く行ってちょうだい。」って言ってるのは、男の子から逃げたいってこと？

C2：そうだと思う。でも、行き先がなんか合ってないよね。女の子は「菜の花横丁」で、松井さんは「菜の花橋」って言い直してるでしょ。

C3：しかも女の子って「菜の花橋」に着く前にいなくなったでしょ。女の子が知ってる町は全然合ってなかったってことでしょ。

C4：そりゃ迷子になるよね。タクシーが「菜の花橋」に向かっている時に、たまたま仲間のちょうを見つけたってことでしょ。ほとんど偶然でしょ。

実践における展開の様子

〈問い〉を提示した時に、女の子がちょうであると考える子どもが多いと思われます。しかし、そのことは、物語中には明確には示されていません。そのことを確認したうえで、なぜちょうと言えるのかということに迫っていくことが必要です。

ちょうと推測できない子どもに対しても、明確には示されていないため、間違いであると示すのではなく、ちょうではない理由をはっきりさせることが大切であることを示します。「なぜ」といった視点で交流することで、一人一人の考えがつくれるようにします。

交流後の解釈例

次のような描写から考えたことを1つ、もしくは関連付けたことを基にして、女の子はちょうであると解釈しています。

・男の子を見た時に、「早く、おじちゃん。早く行ってちょうだい。」と、また捕まえられないように急いで逃げようとしているからです。

・女の子は、「菜の花橋」を「菜の花横丁」と、住んでいるように呼んでいます。松井さんの呼び方と違って、自分の呼び方で言っているからです。

・女の子は、ちょうがたくさんいるところで突然消えたから、自分の場所に帰ったんだと思います。

・「よかったね。」は、「逃げられてよかったね」という意味で、仲間のちょうに言われている言葉だと思うからです。

問い

松井さんにはなぜ、小さな「よかったね。」「よかったよ。」の声が聞こえたのでしょうか。

問いの意図

　主題論にもかかわってきますが、「白いぼうし」の主題を松井さんの優しさとだけ捉えるような学習は、教師が恣意的に読ませていると考えられます。この物語を一言で言うのであれば、大きくは「松井さんがちょうを助ける話」「ちょうが仲間のもとへ帰る話」「松井さんが不思議な出来事に出合う話」と考えられます。

　これは、読み手が①松井さん、②女の子（ちょう）、③語り手のどの立場に寄り添って読んでいるかによるものであり、着目する表現に違いが見られると予想されます。

　松井さんの行動や言動に着目する考えをもった場合は、松井さんが主体となっている「松井さんがちょうを助ける話」と捉えていると考えられます。

　女の子（ちょう）の行動や言動に着目する考えをもった場合は、女の子が主体となっている「ちょうが仲間のもとへ帰る話」と捉えていると考えられます。

　語り手の記述や松井さん・女の子両者の行動や言動の関係性に着目する考えをもった場合は、「松井さんが不思議な出来事に出合う話」と捉えていると考えられます。

　そのため、交流によって、どのような文から物語をどのように捉えているかという自分の読み方を確認したり、他者の読み方を知ったりすることのできる〈問い〉です。

問いに正対するための条件

　この〈問い〉に正対するためには、「よかったね。」「よかったよ。」の声は誰の声なのかを考えなければなりません。「おどるように飛んでいるちょうをぼんやり見ているうち」に聞こえてきた声と書かれているだけで、女の子がちょうであると断定できる表現はありません。物語の流れから、「よかったね。」は仲間のちょう、「よかったよ。」は女の子に変身していたちょうと推測し、自分なりの考えをもったうえで、なぜ聞こえたのかを考える必要があります。

交流で期待する反応

Ｃ１：松井さんは、ぼうしの中に夏みかんを入れるような優しいいい人だから、特別にちょうの声が聞こえた。

Ｃ２：おかっぱの女の子はちょうで、その子と話せたから。

C3：女の子に変わったちょうをタクシーに乗せるという変な体験をしたから、聞こ
　　　えるようになった。

実践における展開の様子

　「なぜ」と問うことにより、考えの基になっている文と、その文からどのように考
えたのかが重要になります。そのため、書いてあることや出来事をつないで、どのよ
うなことが推測できるか考える必要があります。個人の意見をはっきりさせるために、
根拠となる部分に印をつけるなど、根拠を明確にしたうえで自分の考えをノートに書
くようにするとよいでしょう。

　声の主について断定できる表現はありませんが、推測することはできます。推測す
るための根拠を交流することで、この〈問い〉の答えに迫ることができると考えられ
ます。

　「よかったね。」「よかったよ。」が誰の声なのか全体もしくは、グループで話し合い、
個人の考えをつくっておきます。また、4年生という発達段階を考えると、語り手に
寄り添って読む子は少ないことが予想されます。話し合いの様子を見て、教師が語り
手に寄り添った読みを例示するなど、子どもたちから出てきにくい考えについても、
こんな考え方もできると示せるとよいでしょう。

交流後の解釈例

①松井さんに寄り添っている
・男の子のちょうを逃がしたおわびに、大事にしていた夏みかんをぼうしに入れてあ
　げるような優しくて、茶目っ気のある人だから、ちょうの声を聞くことができた。
②ちょうに寄り添っている
・女の子の正体はちょうで、ちょうとタクシーの中で話したから、ちょうの声を聞く
　ことができるようになった。
③語り手に寄り添っている
・ちょうが女の子に変身するような不思議な世界にいるから、ちょうの声を聞くこと
　ができた。

> **問い** 「**かすかにのこった夏みかんのにおい**」**をかぎとった**
> **のは誰ですか。**

問いの意図

　「かすかにのこった夏みかんのにおい」は物語の末文です。夏みかんがファンタジー世界への入り口・出口のきっかけと捉えるのであれば、出口の部分にあたります。しかし、「かすかにのこった」という表現はファンタジー世界にいるままなのか、出てきたのか定かではないような印象を読み手に与える効果があるのではないでしょうか。

　この部分もまた、誰がかぎとったか分からない描出表現となっています。この文の主体は誰なのかを考えることにより、誰に寄り添って読んでいるのかという読み方を表出できると考えます。ただ、「やなぎのなみ木が、みるみる後ろに流れていきます。」は誰が見た風景か、の〈問い〉とは状況が異なり、ファンタジー世界から出てきたか出てきていないのか分からないくらいの微妙なところなので、ファンタジー世界ならではの女の子（ちょう）という意見は出にくいと思われます。

　この部分を問うことは、物語の終わり方をどのように捉えているかを表出させることができると考えられます。

　松井さんの場合は、物語全体の流れから、夏みかんをきっかけにファンタジー世界に入り、また夏みかんをきっかけにしてファンタジー世界から脱出してきたと捉えており、松井さんに寄り添って読んでいることが考えられます。

　女の子（ちょう）の場合は、ファンタジー世界の登場人物ですので、まだファンタジー世界から脱出しきっていない曖昧さで物語が終わっていると捉えていると考えられます。

　語り手の場合は、出来事を客観的に読み、不思議な出来事の余韻を残して物語が終わっていると捉えていると考えられます。

　この〈問い〉の答えを交流することによって、誰に寄り添って読んでいるかが表出するとともに、末文がファンタジーの中でどのような役割を担っているかといった表現の効果についても検討することが可能になります。

問いに正対するための条件

　女の子が松井さんのタクシーに乗ってきた場面から、「よかったよ。」の声が聞こえ

るまでがファンタジーの世界の出来事であることを、子どもたちが理解できているうえで考えるようにします。また、夏みかんがファンタジー世界の入り口・出口に関係していることを捉えている必要があります。そうすることで、物語の構造にかかわる末文の効果や、作者が曖昧な表現にした意図に言及できるからです。ファンタジーの構造を踏まえない話し合いにならないよう注意する必要があります。

　学習の積み重ねとして「つり橋わたれ」等の他教材で、ファンタジー世界の入り口や出口になる表現について学習しておくことが大切です。このような仕組みを理解していない場合は、物語における夏みかんの役割について全体で検討し、ファンタジー構造に注目させましょう。

交流で期待する反応

Ｃ１：松井さんだと思います。「よかったね。」「よかったよ。」の声を聞いた後に、ファンタジー世界から現実の世界に戻ってきたから、夏みかんのにおいがかげたと思う。

Ｃ２：女の子（ちょう）だと思います。菜の花横丁は不思議な世界のままで、タクシーは距離があって遠くにあるから、かすかしかかげなかったんだと思います。

Ｃ３：語り手だと思います。不思議な出来事が終わったから、現実の世界でタクシーに残っていたかすかなにおいがしてきたと思います。

交流後の解釈例

○松井さんが現実世界に戻ってきた

・松井さんが分かってしたことではなかったけれど、ちょうを無事に仲間のところまで送り届けることができたから、不思議な世界から普通の世界にもどって来た合図のにおい。

○女の子（ちょう）

・ちょうが女の子になっている不思議な時間の中でタクシーの夏みかんのにおいをかいだから、かすかだったんだと思います。捕まえられたところから逃げられたうれしさが伝わってきます。

○語り手

・ほうしからちょうを逃がしてしまった松井さんの不思議な体験が一応終わったけど、松井さんが不思議な世界から出てこられたのか、出てこられなかったのかはよく分からない感じを出していると思います。

1-8 4年「ごんぎつね」

新美　南吉

　松本（2001）は「ごんぎつね」について、「多様な読みを喚起する力」をもつ作品と述べています。その教材的な価値の高さは、長年この作品が4年生の定番教材であることからも分かります。

語りと視点

　「ごんぎつね」は、語り手「わたし」が、「小さい時に、村の茂平というおじいさんから聞いたお話」を読者に語るという形で始まります。この「わたし」を山本（1995）は、「ごんや兵十の住む物語世界とは別の次元に存在する人格化された存在」としています。

　この語り手の視点は、1場面「ある秋のことでした。」から、主人公ごんにぐっと近づきます。その後5場面まで、物語はごんの視点に寄り添った形で語られます。その中では、次の箇所のような、語り手とごんの視点とが重なる描写もあります。

> 　やがて、白い着物を着たそう列の者たちがやって来るのが、ちらちら見え始めました。話し声も近くなりました。そう列は墓地へ入ってきました。人々が通った後には、ひがん花がふみ折られていました。

　この箇所は、「やがて」「〜ました。」などに着目すると、語り手の視点からの叙述と読めます。また、「見え始め」「近くなり」「入ってき」などはごんの知覚を示すものとも言え、ごんの視点からの叙述と読むこともできるのです。つまり、読みの交流を生み出す、多様な解釈が成り立つ箇所になります。

　さて、このようにごんの視点に寄り添って語られてきた物語は、6場面になって、視点を兵十へと転換します。クライマックスにおいて、「ごんは、ぐったりと目をつぶったまま、うなずきました。」と客観的に描かれます。この時のごんの心情をどう解釈するかは、それぞれの読者に委ねられているのです。5場面までのどの叙述と関連付けて思考するかによって、解釈が分かれるところです。それゆえ、クライマックスにおけるごんの心情を問うことも、読みの交流のための〈問い〉として有効です。

物語の空所

　「ごんぎつね」の最大の空所は、兵十にうたれたごんのうなずきにあるでしょう。

「なぜ、ごんは兵十にうたれたのか？」と問いかけても、「こないだ、うなぎをぬすみやがった、あのごんぎつねめが、またいたずらをしに来たな。」という叙述を根拠にして、誤解やすれ違いといった理由付けをするしかなく、多様な解釈は生まれにくくなります。そこで、次に示す5場面の終末から6場面の冒頭が重要になります。

ごんは、
「へえ、こいつはつまらないな。」
と思いました。
「おれが、くりや松たけを持っていってやるのに、そのおれにはお礼を言わない
　で、神様にお礼を言うんじゃあ、おれは、引き合わないなあ。」
　　　　6
その明くる日も、ごんは、くりを持って、兵十のうちへ出かけました。

「引き合わないなあ。」と思いながらもごんは、「その明くる日も」くりを届けます。「なぜ、届けたのか？」、ごんの心情は6場面では語られません。

このような物語の空所は、子どもたちが、どう意味付けし、5場面までのどの叙述と関連付けて思考するかによって、解釈の分かれるところです。

象徴表現を含む最後の一文

物語の最後の一文について、山本は、次のように述べています。

最後の一文は，兵十の目に映った情景というよりも，語り手によって焦点化され，主題化された，ごんの悲劇，無垢な魂の悲劇の換喩的，象徴的な光景となっています。「青いけむり」は，語り手によって前景化された要素である。ここには，明らかに「青いけむり」に象徴的意味を込めようとする語り手の声が聞き取れるのである。

「青いけむり」を何の象徴と読むかは、物語全体や他の場面の叙述と関連付けて思考させ、その子なりの意味付けができるようにする必要があります。

物語がなぜ象徴表現を含むこの一文で終わるのかを考えさせることで、作品全体への意味付けを促すこともできます。これは、「ごんぎつね」の作者の意図を推測する可能性をもっています。語り手「わたし」に、このように語らせて作品を終えるのは、ほかならない、それぞれの読み手の内に想定される作者だからです。さらに、最後の一文は、「なぜこの物語が語られたのか」を探るきっかけにもなります。

問い 次の部分をだまって読む時、誰の声で聞こえますか。

やがて、白い着物を着たそう列の者たちがやって来るのが、ちらちら見え始めました。話し声も近くなりました。そう列は墓地へ入ってきました。人々が通った後には、ひがん花がふみ折られていました。

問いの意図

この〈問い〉は、読み手の立場を問うものです。教材分析78～79ページで述べたとおり、「ごんぎつね」は「わたし」という語り手によって語られますが、1～5場面においては、その視点は主人公ごんに寄り添っています。〈問い〉にある「やがて……折られていました。」の表現は、語り手とごんの視点が重なっており、個々の子どもによって読みの分かれるところです。したがって、根拠を明確にしながらそれぞれの読みを交流するのにふさわしい箇所だと考えます。解釈の対立がその根拠を含めて明瞭なため、話し合いが盛り上がるのです。

予想される解釈には、①語り手　②ごん、があります。この場面の描写を誰の視点で読むかによって、主人公への寄り添いの度合いがはかれるでしょう。

問いに正対するための条件

この〈問い〉に正対するためには、作者ではない「語り手」という概念の理解が必要です。そして、語り手の「わたし」が茂平じいさんに聞いた話を読者に語るという「ごんぎつね」の物語構造と、「わたし」はごんや兵十の住む物語世界の外にいる人物として設定されていることを確認しておきましょう。

交流で期待する反応

C1：私は、語り手の声で聞こえるよ。理由は、「～ました。」という表現は、語り手の言葉だと思うから。

C2：僕は、ごんだと思う。「近くなりました。」って書いてあるから、墓地にいるごんが見た光景だって分かるよ。ごんに近づいて来たんだよ。

C3：そうそう。それに「見え始めました。」とあるのは、ごんの目から見て、見え始めたってことでしょ。葬列が「入ってきました。」っていうのも、六地蔵のかげに隠れたごんにしか分からないことだよ。墓地にいるのはごんだけなんだから。

C4：うーん。でもさ、ごんは登場人物だから、見て思ったことなら（　）が使われるはずだよ。（　）がないんだから、やっぱり語り手だと思うな。

C1：そうだよ。いくらごんが見た光景だとしても、語っているのは語り手なんだから。

実践における展開の様子

〈問い〉を示した後、「①語り手　②ごん」という選択肢を挙げると、子どもたちは考えやすいでしょう。また、該当する本文中の文章をシートに印刷しておき、考えの根拠に線を引いて理由を書き込むように指示を出します。こうすることで、本文中のどの言葉に着目して解釈したのかという、自分の読みの根拠と理由が明確になるでしょう。また、交流の際には、互いのシートをつき合わせることで、根拠を含めて読みの違いを明らかにしながら話し合うことができます。

さらに全体交流では、本文を拡大したものに発言内容を書き込み、子どもたちが根拠の違いを視覚的に捉えられるようにします。

交流後の解釈例

①語り手

・「やがて」と語り手が説明しているし、「～ました。」という文末表現から語り手の語りであることが分かる。登場人物が思ったことなら、（　）を用いて表現されるはず。たとえ登場人物が見た光景であったとしても、物語を語っているのは語り手である。

②ごん

・「見え始めました。」「近くなりました。」「入ってきました。」の表現は、墓地にいたごんにしか見たり聞いたりすることのできない光景。また「ひがん花がふみ折られてい」たのを見たのも、墓地に残ったごんだけ。小ぎつねのごんには、折られた花の様子がよく分かるのだろう。これらの光景を語れるのはごんだけである。

> **問い** どうしてごんは、「その明くる日」も、兵十のうちへ出かけたのでしょうか。

問いの意図

　この〈問い〉は、物語の空所にかかわる問いです。5場面で、くりや松たけは神様の恵みであるから毎日お礼を言うがいいと述べる加助に、兵十は「うん。」と返答します。この会話を、わざわざ念仏が済むまで二人を待ったごんが耳にし、「おれにはお礼を言わないで、神様にお礼を言うんじゃあ、おれは、引き合わないなあ。」と思います。しかし、「その明くる日」も、「ごんは、くりを持って、兵十のうちへ出かけ」るのです。悲劇的なことには、こうして出かけた先で、あろうことかごんは、兵十にうたれ命を落としてしまいます。このような物語の空所を、子どもたちはどう意味付けして乗り越えていくのでしょうか。多様な読みを交流させ、深めさせたいところです。

　子どもたちの解釈としては、①うなぎのつぐない、②兵十に気付いてほしいから、などが予想されます。なぜそう読むのか、他の場面の叙述に根拠を求めながら、自分の解釈の理由付けをするように促しましょう。

　交流で互いの解釈の違いを比較することで、相対的に自分の読みを見つめ直し、解釈そのものを変える子どもが出てくるでしょう。解釈は変えなくても、根拠を増やし、自分の読みをさらに確かなものにする子どももいるでしょう。自力解決では理由を上手に述べられなかった子は、友だちと話し合う中で読みを明確にしていきます。このようにして、一人一人が、自分なりの読みを深めていく姿を期待します。

問いに正対するための条件

　5場面までのごんの心情を、ていねいに読み取っておく必要があります。うなぎやいわしの件に対する後悔や、貧しく「ひとりぼっち」である兵十への眼差し、兵十と加助の後を追う心情などが、空所の解釈に生かされるからです。「その明くる日」もくりを持っていったごんの行動を、他の場面の叙述と関連させて考えることで、一貫性の高い読みを形成できるように促したいものです。

交流で期待する反応

C1：僕は、うなぎのつぐないをしたいからだと思う。ごんは、引き合わなくても、

つぐないは続けなくちゃいけないと思ったんだよ。

C2：私も同じです。だって、穴の中でごんはすごく後悔していたよ。うなぎが食べ
　　たいって思ったまま、兵十のおっかあが死んじゃったから。

C1：そうそう、それに、ごんのせいで兵十がいわし屋にぶんなぐられたこともある
　　し。ごんはつぐないがまだまだ足りないと思っているんだよ。

C3：でもさ、毎日毎日続けて、もう十分じゃない？　私は、つぐないっていうより、
　　兵十に気付いてほしかったからだと思う。神様じゃなくてごんなんだって。

C4：あ、僕も同じ。ごんは、兵十が気付いてくれて、仲良くなれたらいいと思って
　　いるんじゃないかな。3場面に「おれと同じ、ひとりぼっちの兵十か。」とあ
　　るから、ひとりぼっちどうし、仲良くなれたらいいなと思っているんだよ。

C2：ああ、なるほど。気付いて仲良くなれたら、ひとりぼっちじゃなくなるもんね。

C4：あと、ごんは、兵十の貧しい暮らしを知ってるから、かわいそう、力になりた
　　いっていう気持ちもあると思うよ。

実践における展開の様子

　5場面を振り返ってから〈問い〉を提示し、「神様にお礼を言うんじゃあ、おれは
引き合わないなあ。」という心情と、「その明くる日も、ごんは、くりを持って、兵十
のうちへ出かけました。」という行動の落差に、子どもたちが気付けるようにします。
自力解決の場面では、解釈の根拠となる本文中の表現に線を引いて理由を記述するよ
う指示します。他の場面の叙述に根拠を求めることができるように声掛けします。

交流後の解釈例

①うなぎのつぐない

・ごんは、兵十のおっかあのうなぎを盗んだことをとても後悔している（1～2場
　面）。また、自分のせいで兵十がいわし屋にぶんなぐられた（3場面）ことも知っ
　ている。だから、たとえお礼を言ってもらえなくても、つぐない続けたいと思って
　いる。

②兵十に気付いてほしいから

・ごんは、「おれと同じ、ひとりぼっちの兵十か。」と思っている（3場面）。念仏が
　済むまで待つほど、兵十と加助の話を聞きたかった（5場面）ごんは、兵十が気付
　いてくれることを期待している。同じひとりぼっちどうし、仲良くなりたいと思っ
　ている。

> **問い** ごんは、どんな思いで「ぐったりと目をつぶったまま、うなず」いたのでしょうか。

問いの意図

　この〈問い〉は、クライマックスの主人公の心情を問う問いです。

　教材分析78〜79ページで述べたとおり、「ごんぎつね」は、1〜5場面までは、ごんの視点に寄り添いながら物語が語られます。ところが、6場面「その時、兵十は」で視点の転換がなされ、語り手は兵十の視点に近いところから物語を語り出します。

　子どもたちは5場面まで、ごんに寄り添って物語を読み進めてきました。しかし、クライマックスである6場面では、ごんは「ぐったりと目をつぶったまま、うなず」くだけで、その心情を語りません。つまり、ごんの心情をどう解釈するかは読者に委ねられているのであり、それゆえ、子どもたちにしっかりと考えさせたいところです。

　予想される解釈としては、「気付いてくれてうれしい」という心情や、「ひとりぼっちだけどがんばって生きてね」という兵十へのメッセージ、うたれたことを残念に思いながらも「仕方がない」とあきらめる心情、などがあります。

　交流では、5場面までのごんの言動や心情の変化と関連付けながら意見を述べるように促し、個々の解釈の理由が明確になるようにします。また、子どもたちが複数の意見を比較し、その相違を考えながら自分の読みを見直せるように、板書を工夫しましょう。友だちの読みに触れ、話し合うことで、より豊かにごんの心情を想像する姿を期待します。

問いに正対するための条件

　ごんの心情を想像する前に、「ごん、お前だったのか、いつもくりをくれたのは。」と言った時の兵十の心情を読み取っておく必要があります。「ぐったりと目をつぶったまま、うなず」くごんの行為は、前述の兵十のセリフへの返答だからです。

　子どもたちは6場面を読み、兵十にとってごんは、ずっと「ぬすとぎつね」であったことに気付きます。そんな兵十の中で初めて、松たけやくりとごんとがつながる場面です。兵十の驚きの大きさと後悔とを、しっかり読み取っておきたいものです。

　そして、これまでずっと一方通行だったごんの兵十への思いが、ようやく双方向になります。兵十がごんの行為に気付き、二人の間に声にならない対話、心の交流が生まれる場面です。それゆえ、ごんと兵十の心情をセットで読み取る必要があるのです。

84

交流で期待する反応

C1：私は、「やっと気付いてくれたのか。うれしい」って気持ちだと思う。理由は、自分がくりをあげていることを兵十に気付いてほしいと思っていたから。

C2：うん。神様じゃなくてごんだって、やっと気付いてもらえたんだもん。「気付いてくれてありがとう」って気持ちだと思う。

C3：でも、うたれちゃったら悲しいんじゃない？

C1：悲しいけど、でも、ごんは「仕方ない」って思っていると思う。うなぎをぬすんだんだから、うたれても仕方ないって。

C2：そうだよ。兵十にとってごんは「ぬすとぎつね」だから、仕方ないよ。

C4：僕は、みんなと違って、兵十への「ひとりぼっちだけどがんばって生きてね」っていう気持ちだと思います。

C3：兵十を応援する気持ちってこと？

C4：応援っていうか、同じひとりぼっちだから、自分は死んじゃうけど、兵十に元気で生きてねって伝えたいんじゃないかな。

実践における展開の様子

　前時で読み取った兵十の心情を振り返った後に、〈問い〉を提示します。子どもたちがごんの身になって記述できるように、ごんの心情は吹き出しに書かせるとよいでしょう。また、なぜそのように想像したのか、5場面までのごんの言動や心情の変化と関連付けながら考えさせます。読みの根拠に、自身が気付けるように促します。

交流後の解釈例

・「くりや松たけは神様のしわざだと思っていた兵十が、やっと気付いてくれた。やっと兵十に伝えることができた。うれしい。気付いてくれてありがとう。」

・念仏が済むまで待って兵十と加助の後を追った姿から、ごんが兵十に気付いてほしいと強く願っていたことが分かるから。

・「おれは死んでしまうけど、貧しさに負けずにがんばって生きろよ。」

・ごんは「おれと同じ、ひとりぼっちの兵十か。」と思い、貧しい兵十を思いやって、兵十のために尽くしていたから。

> **問い** 「けむり」は何を表しているのでしょうか。そして、物語がこの一文で終わることについて、あなたはどう思いますか。
>
> 青いけむりが、まだつつ口から細く出ていました。

問いの意図

　これは、象徴表現を含む最後の一文にかかわる問いです。「ごんぎつね」は、物語の最後で、焦点が登場人物から離れ、「青いけむり」に向けられます。この「青いけむり」が象徴表現であることは、教材分析78〜79ページで述べたとおりです。

　この〈問い〉では、子どもたちに、象徴表現「青いけむり」を、物語全体や他の場面の叙述と関連付けて意味付けさせたいと考えます。この解釈を、物語の終わり方とともに考えることで、「ごんぎつね」という作品そのものへの、その子なりの意味付けが行われます。それが、「なぜこの物語が語られたのか」という物語の要点を、子どもたちが思考する契機となるのです。

　予想される解釈例として、〈問い〉の前半に対しては、ごんの悲しみ、ごんの命、ごんの思い、兵十の悲しみや後悔、などがあります。また、〈問い〉の後半に対しては、大きな悲しみで物語を終えるため、主人公の死と物語の終わりとを重ねるため、などがあります。

　しかし、4年生の子どもにとって、象徴表現への意味付けは、難しい学習活動です。自力解決の段階では、考えを書けない子もいるでしょう。たとえ書けたとしても、「青い」「細く」等の表現の効果と関連付けて考えたり、理由を物語全体や他の叙述と関連付けて述べたりすることは難しいでしょう。このような子どもたちが、読みの交流によって、友だちと話し合う中で、「象徴とは何か」ということを含めて学び、読みを深める姿が期待されます。

問いに正対するための条件

　この〈問い〉に正対するためには、子どもたちが「象徴」という言葉の意味を理解していなければなりません。そのために、既習の物語文教材で、「象徴」について学習しておく必要があります。例えば、「一つの花」での「コスモス」が、父の愛情、父の命、家族、などの象徴と読めることを、先行単元で学習しておくとよいでしょう。

交流で期待する反応

C1：私は、「けむり」はごんの悲しみを象徴していると思います。理由は、「細く」出ていて、心細くてさびしい感じがするから。

C2：僕も、ごんの悲しみだと思う。悲しい涙みたいに、けむりが出ている感じがするから。

C3：なんで涙なの？

C2：「青いけむり」だから、涙みたいな色かなって。

C3：ああ、ほんとだ。白いけむりじゃないもんね。そうか、涙が流れるようにけむりが出ているのか……。

C4：僕はみんなと違って、ごんの命を象徴していると思います。理由は、ごんの命が天に昇っていくのを、けむりが細く昇っていく様子で表したと思うから。

C3：それに、けむりは時間が立つと消えるよね。まだ、細く出ているけど、ごんの命ももうすぐ消えていく。だから、私もごんの命を象徴していると思ったよ。

実践における展開の様子

　導入では、「象徴」という言葉の意味を、前述のような具体例を挙げて振り返ります。〈問い〉を提示し、考えが浮かばない子が多い様子であれば、「けむりはどんな様子でしょう。」と問いかけて、「青い」「細く」という表現に着目させます。また、「けむりが別の意味を表しているとしたら何でしょう。」「物語の内容と関連させて考えましょう。」などと補助的な発問をするとよいでしょう。

交流後の解釈例

○ごんの悲しみ

・「青い」けむりであることや、「細く」出ていることから、ごんの悲しみを象徴していると考える。兵十のためにくりや松たけを運び、仲良くなりたいと願っていたのに、あろうことかその兵十にうたれて死ぬごんの悲しみを印象付けて物語を終えるために、この一文で終わる。

○ごんの命

・けむりは昇っていくものだから、「細く」出る様子で、ごんの命が天に昇っていく様子を象徴している。「まだ」けむりは出ているけど、もうじきけむりもごんの命も消えてしまう。主人公の命の終わりと物語の終わりを重ねるために、この一文で終わる。

1-9 5年「注文の多い料理店」
宮沢　賢治

　「注文の多い料理店」は、暗示性やメッセージ性の高い表現が随所に散りばめられており、それらの表現が読み手に与える効果について考えやすい作品です。ただし、宮沢賢治作品の１つとして、あるいは伝記などを読んで知る賢治像を念頭に、作品の解釈を決めつけやすい作品とも言えます。

テーマについて

　田近（1977）は、「注文の多い料理店」に描かれていることについて次のように述べています。

　　ことは、紳士の生き方だけの問題ではなく、この作品全体に関すること、特に焦点化するなら、山猫と紳士との関係に関する問題であるようだ。結論的に言うと、山猫と紳士との関係は、自然と人間との関係ではないということ、つまり、この作品は、山猫と紳士とを対立させることによって、自然との交歓を拒絶された世界を描こうとしたものではないということだ。

　教室では、二人のわかいしん士を人間側、山猫を自然側に置き、対立するものとして捉えるような読みがあります。二人のわかいしん士の言動に着目し、山猫の行為を仕返しのように考えていくものです。このような読みには、山猫の言動や様子が関連付けられていないことが多くあります。扉の向こう側で、二人を招き入れる山猫は、親分に仕える者たちであり、従業員とも言えます。人間社会と何ら変わらない様子も見えてきます。山猫に関する読みを含めることで、田近の指摘するような二人のわかいしん士と山猫の関係から、作品のテーマを考えることができるでしょう。

人物像について

　牛山（2010）は、子どもたちが二人のわかいしん士に違和感をもたず、二人の状況に同情し、その言動に素直に反発していくと指摘し、子どもたちがもつ二人のわかいしん士の人物像について、次のように述べています。

　　子どもの読み手にとって、二人の紳士像は、だまされやすくて、犬の死を金に換

算する非情さを持っていて、山猫に食べられそうになったところを助けられて、顔が紙くずのようになった気の毒な人々というところである。ごく一部を除いては、そこに都会文明や近代文明の象徴を読むことはないのだ。

　読み手は二人のわかいしん士の視点になり、物語を読み進めていきます。子どもたちが二人のわかいしん士の人物像を考えるポイントとなるのは、①白くまのような犬の死への言葉、②山猫軒の扉の言葉に対する反応、③食べられる寸前であったにもかかわらず山鳥を買って帰る様子、です。これらの点に注意しながら人物像をつくり出しますが、二人のわかいしん士への批判にとどまるのではなく、そのような人物を登場させることによって何が描き出されているのかを考えなくてはなりません。

　また、読み手は、扉の言葉は山猫がしん士たちを食べようとしていたのだということに気付きます。そこで山猫に着目し、食べるということだけがねらいと知れば、扉は１つでもよかったのではないか、という疑問が浮かびます。この気付きによって、山猫軒での多くの注文とそれにまつわる人物の関係性に価値が生まれます。

ファンタジー構造のズレについて

　「注文の多い料理店」についての指摘として、白くまのような犬の生死にかかわるファンタジー構造のズレがあります。これは、本作品のファンタジーの入り口と出口を、「風がどうと…」とすると、白くまのような犬は、ファンタジーの異世界に入る前に死んだにもかかわらず、生き返るという事態を指摘したものです。田近はこの点について次のように述べています。

　　すなわち、この作品は非現実世界の深みへの過程に犬の死を置き、それがよみがえることで現実世界にもどるという設定になっているのだと解釈される。

　田近は、本作品は冒頭からファンタジー世界にあって、その設定として犬の死や案内人の行方不明があるのだとして、最初の風はさらに深いファンタジー世界への入り口、次の風が現実世界への出口という考えを示しています。

　白くまのような犬の死に関するファンタジー構造のズレを、作者のミスだと解釈することもできますが、教室での読みにおいて重要なことは、ズレに気付けることであり、そのズレを自分の言葉で説明することにあります。

> **問い** 二人のわかいしん士の人物像が一番よく表れている言葉や文はどれですか。

問いの意図

　この〈問い〉は、主人公の人物像を問うものです。二人のわかいしん士がどのような人物であるのかがうかがえる言葉や文は、物語のいたる所に散りばめられています。分かりやすいものとして、会話文が挙げられます。連れてきた犬が死んでしまったことに対して「実にぼくは、二千四百円の損害だ。」と話すことから、犬の死をいたむことなく、すぐにお金に換算して嘆いている様子が分かります。そのような様子から、命に対して冷淡な人物、お金に執着している人物であると解釈することができます。どの言葉や文から、どのような人物と解釈したのかを語ることによって、各々の読みの形成の過程が表れてきます。「山鳥を十円も買って帰ればいい。」という会話文からは、見栄っ張りな人物像も浮かんできます。

　また、行動から人物像を考えていきます。二人は山猫たちから次々と出される注文に対しても、疑うことなく素直に聞き入れてしまいます。そのような人物であったから最後には恐ろしい目にあうことになり、それぞれの人物像は物語の展開にもかかわってきます。

　高学年の子どもたちが人物像をまとめる際は、複数の言葉や文から人物像を考えさせる必要があります。また、人物のいくつかの側面を明らかにした後、その中から一番よく特徴が表れているものを選びます。人物像につながる点を探すだけではなく、それを基にどのような特徴のある人物なのかを交流することに、高学年としての読みがあります。

問いに正対するための条件

　この〈問い〉に正対するためには、人物の行動や会話などの暗示的な表現からその人物像を解釈することが求められます。「このように言っている（している）ことから、こんな人物像であると考える。」と、根拠となる叙述と人物像を直接的に結びつけるだけではなく、叙述をどのように解釈し、そこからどのような人物像であると解釈したのか、自身の読みの過程を述べさせるようにしましょう。「根拠―理由―主張」という３点で解釈を述べていく習慣を身につけておくことが重要です。

交流で期待する反応

C1：私は「二、三発お見まい申したら、ずいぶん痛快だろうねえ。」というセリフ
　　だと思う。生き物を銃でうつことをこんなふうに表現しているところから、命
　　を軽く見てるっていう人物像が表れていると思った。

C2：僕も生き物の命を軽く見てる、ってところは同じ。そのセリフにも表れてるけ
　　ど、「二千四百円の損害」って、お金で換算してる表現の方がもっと表れてる
　　と思った。しかもいっしょに狩りに出てた犬の死をこんなふうに言うってとこ
　　ろに、命を軽く見てることがよく表れてると思う。

C3：なるほど。どっちのセリフも生き物の命を何とも思ってないからこそ、自然と
　　出てきたんだろうね。僕は「下女が、かぜでも引いて、まちがえて入れたんだ。」
　　かな。最後、頭にかけた香水が酢のようなにおいがしているのに、それでも気
　　付かないどころか、「下女が、かぜでも引いて」って、自分で都合のいい考え
　　方をしているあたりが無邪気だなぁって思ったよ。

C4：無邪気っていうか子どもっぽい。その子どもっぽさが原因で気付かないから、
　　山猫に食べられる寸前になっちゃって、それが話をおもしろくしてるよね。

実践における展開の様子

　人物像が表れている言葉や文を複数挙げさせたあと、その中から一番よく表れてい
るものを選ばせるとよいでしょう。複数の中からあえて１つを選ぶことによって、そ
の考えにこだわりが生まれ、友だちに分かってもらおうと話すことでさらに読みが深
まります。言葉や文を選ばせる前に「二人のわかいしん士ってどんな人物？」と聞き、
感覚的に捉えている人物像をまず認識させることも有効です。

交流後の解釈例

○「二、三発お見まい申したら、ずいぶん痛快だろうねえ。」

・痛快、と言っているところから、動物をうつことを楽しんでいることが分かる。自
　分勝手で生き物の命を遊んでいるような人物であることが一番感じられる文です。

○「実にぼくは、二千四百円の損害だ。」

・いっしょに行動していた犬が死んでしまったのに、悲しむのではなく「損害」と表
　しているところから、動物の命を軽くみている冷たい人間であることが分かる。

○「下女が、かぜでも引いて、まちがえて入れたんだ。」

・山猫の考えにも気付かず、自分に都合のいいように考える幼さが表れている。

> **問い** 二人のわかいしん士がふしぎな世界に入り込んでしまったのはいつですか。また、ぬけだしたのはいつですか。

問いの意図

　この〈問い〉は、ファンタジーの入り口と出口を問いながら、物語の構造を考えるものです。教材分析89ページで述べたように、「注文の多い料理店」のファンタジー構造には、ズレがあるという見方もできます。入り口と出口の箇所を決めるには、いずれにしても理由が必要になります。子どもたちの立場は大きく分ければ2つになるでしょう。まず「風がどうとふいて」というきっかけを頼りにして物語の中にファンタジー世界が入っているというもの（①）。次に、物語全体がファンタジー世界の中で、現実には戻っていないというもの（②）。重要なことは、どちらの立場をとったとしても、乗り越えなければならない疑問があることです。①は、白くまのような犬の生死のタイミングのズレについて答えなければなりません。②は、「風がどうとふいて」という明らかな繰り返しの表現に、入り口と出口以外の意味をもたせなければなりません。交流の中では、入り口と出口を検討しながら、このような説明が必要になる点について話題にしていきたい問いです。

問いに正対するための条件

　現実の世界から非現実の世界に迷い込んでしまい、また現実の世界に戻ってくるという、ファンタジーの基本的な構造を捉えておく必要があります。また、「風がどうとふいて…」などの情景描写もていねいに読み取ることも必要です。そのうえで、「ここが不思議な世界に迷い込んでしまった時だとすると…」と、仮説を立て解釈を述べ合うようにさせるとよいでしょう。

交流で期待する反応

C1：「風がどうとふいて」きた時だと思う。同じ文が最後の方にもあるでしょ。だからこの風がふいてきたところが、不思議な世界に入った時、出られた時を表しているんじゃないかな。

C2：ほんとだ、まったく同じ文だね。前に読んだファンタジーも、同じような出来事をきっかけに不思議な世界に入ったり出たりしていたよね。

C3：でも、だとすると風が吹く前の出来事は現実の出来事ってことになるよね。犬が死んでしまったことも現実に起きたことだとすると、死んだはずの犬が助けにきた、っていうのはおかしくない？

C4：私もそう思う。だから犬が死んでしまったことも、不思議な世界に入り込んでしまった後に起こったことなんだと思う。山おくで迷ってしまった時にはすでに不思議な世界に入り込んでいたとすると、犬が助けにこられたことも納得できる。

C1：ああ、なるほど。だとすると、どうして作者は同じ「風がどうとふいて」っていう表現を２回使ったんだろう？

実践における展開の様子

これまでに学習したり読んだりしたことがあるファンタジー作品を想起させた後、〈問い〉を提示すると考えやすくなるでしょう。〈問い〉に対する答えがいくつか出されたら、それらの文に印をつけさせ、現実の世界の描写と不思議な世界の描写のそれぞれに注目しやすくなるようにします。

交流後の解釈例

○「風がどうとふいて」きた時

・同じ「風がどうとふいて」という文が、山猫軒が消えた後にもある。ということは、最初の風がふいてきた時が不思議な世界に入り込んでしまったきっかけで、後の風がふいてきた時が不思議な世界から出られたきっかけということだと思う。風がふくということが不思議な世界と現実の世界が切り替わるきっかけとなっている。

○山おくで迷ってしまった時

・風がふいてきた時だとすると、その前の出来事は現実の世界で起きたこと、ということになる。だとすると、現実の世界で死んでしまったはずの犬が助けにきたというのはおかしいと思う。山おくで迷ってしまった時、もう不思議な世界に入っていたのだとすると、犬が死んだという出来事は現実に起こってはいなくて、犬は助けにくることができたのだと思う。

> **問い** なぜ山猫軒では、こんなに多くの注文が出されるので
> しょうか。

問いの意図

　この〈問い〉は、設定の効果と人物の心情の理解を促進するための問いです。「【注文はずいぶん多いでしょうが、どうかいちいちこらえてください。】」という戸のうら側の文句に始まり、山猫が二人のわかいしん士をおいしく食べるための９つの注文が順序よく出されます。山猫軒に入ったら最後、入ったお客はすぐに食べられてしまうのではなく、１つ１つの注文に従っていくことによって、山猫のおなかに入るための準備をさせられるのです。

　子どもたちには、〈問い〉の「こんなに多くの」の部分に注目し、いくつの注文が出されたのかを確かめることが求められます。１つ１つの注文の内容をあらためて読み直すことによって、お客に本当のねらいに気付かせないようにしながらも、順序よく食べるための準備を進めようとする山猫の意図が見えてきます。

　「なぜ」に答えようとする中で、子どもたちの中には、作者の構成の巧みさについて述べる子がいるでしょう。読者としては、細かな注文が順番に出されることによって「なぜだろう？」「なんのためだろう？」とはらはらさせられます。読者に謎を与えておいて、最後に真相を分からせるために、作者は山猫軒からの注文を多くしたのではないか、という解釈です。「二人のわかいしん士に本当のねらいを悟らせないため」、「二人のわかいしん士をいたぶるため」という解釈と比べ、読者への効果について述べている解釈はより高度であると言えるでしょう。

問いに正対するための条件

　この〈問い〉に正対するためには、１つ１つの注文を整理し、関連付けて解釈することが求められます。注文どうしを関連付けて読むと、少しずつしん士が窮地におちいっていることが分かります。また注文の後のしん士の反応を関連付けることも重要です。二人のわかいしん士の反応の共通点から、ある注文までは山猫の注文を自分にとって都合のいいように解釈していることが分かります。その、わかいしん士の反応こそが山猫がねらっていたものであり、この〈問い〉に沿って文章を関連付けて読むことによって、山猫の意図に気付くことができます。

交流で期待する反応

- - - - - - - - - - - - - - - - - - - -

C1：こんなに多くの、っていうけど、注文は何個出されてたっけ？

C2：数えながら読んでみようよ。数えてみると9個あるね。しん士たちは、8個目の注文でようやく自分たちが食べられるのではないか、と気付いているよね。それまでの注文に対しては、疑わずに勝手に都合よく解釈してるよね。

C3：ということは山猫たちの思惑がここまで成功していると言えるよね。つまり、しん士たちに悟らせないように少しずつ注文を出したのではないかな。

C1：そうやって都合よく解釈して進んでくるしん士たちをどこかで見ていて、いたぶっていたんじゃないかな？　しん士の立場から考えると、不安に思いながら進んでいって、最後に恐ろしい目にあうってショックだよね。人間をこらしめるために、わざとそうやって細かい注文を出したんじゃないかな。

C2：その不安っていうか、はらはら感は、物語を読んでいる読者にも伝わってくるよね。そういうことをねらって作者は物語を構成したんじゃないかな。

実践における展開の様子

- - - - - - - - - - - - - - - - - - - -

　まず、いくつの注文が出されているのか数えさせることで、注文が少しずつ山猫のねらいに向かっていっていることを確かめさせます。また、それらの注文に対するしん士たちの反応も確かめさせるとよいでしょう。

交流後の解釈例

- - - - - - - - - - - - - - - - - - - -

○二人のわかいしん士に本当のねらいを悟らせないため

・面倒でも、山猫のねらいが見えにくいように注文を少しずつ出して、食べてしまおうという本当のねらいをしん士にばれないようにしている。

○二人のわかいしん士をいたぶるため

・山猫軒に入ってすぐに食べてしまうのではなく、少しずつ本当のねらいに自分から向かわせて、山猫はしん士をいたぶっている。1つ1つ自分の考えで進ませて、最後には食べようとしていて、山猫はしん士を見下しているようにも感じられる。

○作者の意図

・「なぜこんな注文をするんだろう？」と読んでいる読者に謎を与えておいてはらはらさせ、最後に本当のことを分からせる、という読者を楽しませるための作者の工夫だと思う。また、しん士が注文を自分たちの都合よく捉え、最後まで疑わない愚かさも表現したかったのだと思う。

> **問い** **物語がこの一文で終わることについて、あなたはどう**
> **思いますか。**
>
> しかし、さっき一ぺん紙くずのようになった二人の顔だけは、東京に帰っても、
> お湯に入っても、もう元のとおりに直りませんでした。

問いの意図

　この〈問い〉に対する答えには、その子どもが人物や作品そのものをどのように意味付けているのかが表れます。人物への意味付けによってこの〈問い〉に答えている子どもと、作品そのものへの意味付けによってこの〈問い〉に答えている子どもがいることが予想されます。例えば、二人のわかいしん士について、その言動から批判的に捉え、「罰が当たったのだから、紙くずのようになった顔が直らないのは仕方ない。いい気味だと思う。」と解釈する子どもは、登場人物を自分なりに意味付けたうえで判断を下していると言えます。また、「不気味な終わり方だと思う。不思議な世界で起きたことが現実の世界にも影響しているというところから、作者の、動物の命を軽く見るとひどい目にあう、というメッセージが伝わってくる。」と解釈する子どもは、作品そのものを自分なりに意味付け、「なぜこの物語が語られたのか」という物語の要点を思考していると言えます。

　この〈問い〉は、「なぜ…」を解き明かすものではなく、自分の解釈を語ることが求められています。解釈したことを友だちに分かってもらおうと、なぜそのように考えたのかを筋道立てて話すことを通して、さらに読みが深まることが期待されます。

問いに正対するための条件

　この〈問い〉に正対するためには、「元のとおりに直らなかった」理由についても考える必要があります。「顔が紙くずのようになるほど心をいためた山猫軒での出来事は、夢や幻ではなくて現実に起きたこと、ということではないか。」、「二人が味わった恐怖は本物で、その恐怖は消えることはなかったからではないか。」など、元のとおりに直らなかった理由と関連付けながら、物語がそのような終わり方をすることについて解釈をすることが大切です。

交流で期待する反応

Ｃ１：いい気味だと思う。動物の命を軽く見て粗末にしていたしん士に大きな罰が当

たって良かった、ってすっきりした。

C2：私もそう思う。直らないほどくしゃくしゃになってしまった、ということはそれほど恐怖を感じたんだと思う。これまでは恐怖を与える側だったけど、初めて命を奪われるかも、って恐怖を感じたってことではないかな。その恐怖はすぐに消えずにずっと残った、というところで、ちゃんと悪い人間に罰が与えられていて良かった、と思った。

C3：僕は不気味だと思った。だって普通、不思議な世界で起こったことって、現実の世界に戻ってきたら引きずらないじゃん。それなのにこの作品では現実の世界にも影響してるでしょ。それほどしん士たちはこらしめられたってことだよね。

C4：私もこわいな、って思ったよ。そうやって終わらせることで、作者の宮沢賢治はメッセージを強く伝えたかったんではないかな。

実践における展開の様子

〈問い〉に対する答えを一人一人がもてたところで、解釈が似ている子どもどうしで交流させ、さらに考えを深めさせた後、教師が意図的に、異なる解釈をしている子どもと交流させるとよいでしょう。人物像を理由として解釈している子どもと、物語の効果について解釈している子どもを交流させることで、新たな視点で考えられるようにします。

交流後の解釈例

○いい気味。自業自得である

・二人のわかいしん士は犬が死んでしまっても悲しみもせず、「二千四百円の損害」などと、簡単にお金で考えるほど、動物の命を軽く見ていた。だから罰が当たって当然だと思うし、自分がしてきたことの結果だと思う。

○不気味な終わり方

・現実ではない不思議な世界で起こったことのはずなのに、それが現実の世界にも影響してしまうというところが不気味です。この不気味な終わり方をしているところに作者の考えを感じます。「動物の命を軽んじるな。」というメッセージや人間の愚かさを読者に伝えたかったのではないかと思います。

1-10 5年「大造じいさんとがん」 椋　鳩十

　「大造じいさんとがん」は、「表現の多様さとそれに対する読み手の立場」と「登場人物の変容」を捉えることができる作品です。情景描写が随所に使われており、作品の中で様々な効果を発揮しています。

読み手の立場

　情景描写に対する解釈は、自分の解釈がどの登場人物に寄り添った結果、生まれたものなのかを明確にすることができます。

> 　秋の日が、美しくかがやいていました。

　この箇所は、大造じいさんが自分の仕掛けに心を高揚させながら、仕掛けを見に行く場面の一文です。直前の「大造じいさんは出かけていきました。」の部分や、直後の「じいさんがぬま地にすがたを現すと」の部分には「大造じいさん」という主語が明確に書かれています。この部分に着目すると「美しく」や「かがやいていました」などの言葉を、大造じいさんの知覚であるとする解釈が生まれます。

　一方で、主語のない部分に着目すると、登場人物でない人物の語りであるという解釈も生まれます。

　この箇所を「誰が見た景色か。」と問うことで、自分の解釈が誰の立場に寄り添ったものであるのかを自覚することができます。情景描写に対してこうした問い方をすることで、子どもは自分の読み方を意識し始めます。読み方を意識することは、作品を俯瞰的に読むことにつながり、より客観的な目線で作品に向き合うことができるのです。

空所と問いに求められること

　「大造じいさんとがん」では、中心となる人物である大造じいさんが、約３年半にわたって、残雪に対する見方をどのように変えたのかを問うことが重要です。特に、山場となる３年目の戦いが、この物語の中で最も変化が大きい場面です。大造じいさんは、今までいまいましく思っている残雪を仕留めるチャンスを得ますが、自ら捨ててしまいます。このような大造じいさんの矛盾した行動が、本作品の大きな空所と言えるでしょう。この部分について鶴田（1997）は以下のように述べています。

本作品の場合、〈大造爺さん〉が〈残雪〉を撃たなかったことには重要な意味が含まれている。彼はなぜ〈銃をおろして〉しまったのだろうか。その原因として、「意外な展開に対する驚き」「卑怯なやり方をすることの後ろめたさ」（中略）などが考えられるだろうが、私は、その本質的な原因が「野生の本能に触れたことによる狩人としての覚醒」にあったのではないかと見る。それは先の「自己変容」ないし「自己変革」というテーマと密接に関係している。

　鶴田は、大造じいさんの行為について３つの解釈を提示しています。特に、大造じいさんの「野生の本能に触れたことによる狩人としての覚醒」といった解釈は、大造じいさんに寄り添いつつも、語り手あるいは読み手の視点から、客観的にその行為を評価する必要があります。しかし、大造じいさんが残雪をうたない部分を話題にする時、田中（1996）は、次のような指摘をしています。

　　教師が生徒に「なぜ大造爺さんはじゅうを下ろしたのですか」と発問すると、生徒はうまく答えられないでつまずくとも言われています。何故なら教師は「大造爺さん」に感情移入し、生徒は残雪を中心に読んでいくから、教師と生徒の間にずれがあるからだそうです。

　「なぜ大造じいさんはじゅうを下ろしたのか。」という問い方では、「残雪の目には、人間もはやぶさもありませんでした。ただ、救わねばならぬ仲間のすがたがあるだけでした。」や「お前みたいなえらぶつを、おれは、ひきょうなやり方でやっつけたくはないぞ。」の部分を拠り所として、仲間を助けている残雪と卑怯なやり方で戦いたくないという解釈のみに偏ることとなり、読みの多様性が生まれなくなってしまいます。また、鶴田の言う大造じいさんの「自己変革」を読ませたい教師と、残雪に感情移入しているため、うたないことに大きな理由を必要としない子どもたちとの間の、ずれを埋めることができないことが考えられます。

　重要なことは、「じゅうを下ろす」といった行為に至った過程を、作品全体から一貫して説明し、意味付けていくことです。そのためには、〈問い〉が、大造じいさんと残雪、語り手という三者の立場による読みの違いを実感させるものでなくてはなりません。

> **問い** 「東の空が真っ赤に燃えて、朝が来ました。」は、誰が見た景色ですか。

問いの意図

　この部分は情景描写についての学習として扱われる一文です。情景描写には、場面の様子が描かれながら、視点となった登場人物の心情も表れます。読み手によって読み方が異なる部分であり、自分がどのような読み方をしているかを捉えさせるのに有効な問いです。

　この〈問い〉の答えには、①語り手、②大造じいさん、という２つの解釈が予想されます。そして、情景描写をどのように解釈するかという投げかけも含んでいます。子どもたちは、「真っ赤に燃えて」という表現に含まれる心情は、どのようなものなのかを考えなければなりません。重要なことは、語り手とした場合と大造じいさんとした場合で、この文の解釈が異なることを子どもたちに気付かせることです。疑いなく大造じいさんだと思っている子どもや、形式的に地の文だからと主張する子どもが、誰の立場で読むのかを考える機会となります。

　誰の視点で捉えたものかを問うことで、読み手がどちらに寄り添って読んでいるのかが分かります。選んだ立場は、当然この場面だけでなく、物語全体を読む立場にも影響します。物語の山場の始まりを告げるこの一文を問う意味がそこにあります。

問いに正対するための条件

　この〈問い〉に正対するためには、まず、物語を語る「語り手」という概念の理解が必要です。また、物語がどの登場人物の視点で語られているかという、「視点」の概念についても理解している必要があります。物語の内容については、１年目、２年目の大造じいさんと残雪の戦いの経緯が捉えられていることで解釈が生まれます。

交流で期待する反応

Ｃ１：僕は、大造じいさんが見た景色だと思います。理由は、直前に「昨年建てた小屋の中にもぐりこんで、がんの群れを待つことにしました。」と書いてあるから、その小屋の中から見た景色だと思うからです。

Ｃ２：私は、語り手だと思います。「大造じいさんは」とか、「残雪は」とか書いてないからそういう文は語り手だと思います。

100

C3：私も語り手だと思います。この文の時には段落も変わっているし、その前の文の時も、「待つことにしました。」っていうのは語り手が言っていることだから、その次のこの文も語り手だと思います。

C4：そうかなあ。その前のところでは、「大造じいさんは、青くすんだ空を見上げながら、にっこりとしました。」って書いてあるから空を見ているはずだし、この部分には、空が真っ赤に燃えているって書いてあるから大造じいさんなんじゃないかな。

実践における展開の様子

〈問い〉に対する答えをつくるにあたり、一人で読む時間を確保するとよいでしょう。その際、自分の読みの根拠となる叙述を、サイドラインなどを使って明確にしておくことが必要になります。ワークシートに直接叙述を書き写させることも有効でしょう。

自分の読みと根拠となる叙述が明確になったうえで、グループでの交流を設定します。(1)自分の読みとその根拠となる叙述を述べる、(2)友だちと自分の読みの違いがどこから生まれるのかを考える、という2点を意識しながら話し合わせるとよいでしょう。交流の後に、自分の意見を変えたり根拠となる叙述を足したりしてもよいことを伝え、再度自分の読みを見直す時間を取り、話し合ったことを生かせるようにしましょう。

交流後の解釈例

①語り手

・地の文で書いてあるということや、主語がない文なので語り手だと考えます。また、「東の空が…」の部分は前の文と段落が違って、夜が明けて朝が来るまでの時間の経過を表しているのだと思います。前の文から時間が経って、語っている人物も前の文の大造じいさんから、語り手へと変わったと考えます。

②大造じいさん

・「東の空が真っ赤に燃えて、朝が来ました。」の2つ前の文の「大造じいさんは、青くすんだ空を見上げながら、にっこりとしました。」では「大造じいさんが」という主語が書かれています。この文が、大造じいさんの視点で語られていることから、「その夜のうちに…小屋の中にもぐりこんで、がんの群れを待つことにしました。」は語り手でなく大造じいさんの行動なんだと思います。前の2つの文の関係を考えると、「東の空が真っ赤に燃えて、朝が来たこと」を感じたのは大造じいさんだと思います。

> **問い** 「羽が、白い花弁のように、すんだ空に飛び散りました。」の部分があることによって、どんなことが伝わってきますか。

問いの意図

　この〈問い〉は、表現の効果について考える問いです。はやぶさと残雪の戦いの描写の中にこの一文はあります。授業では、壮絶な戦いの描写の中に際立つこの一文に、関心をもたない子どもたちが多くいます。「白い花弁」「すんだ空」「飛び散りました」という表現がどんな場面の様子を表すのか、また情景描写としてどのような心情を表しているかを考えます。

　様子については、前後のはやぶさと残雪との戦いの様子と、どんなギャップをもっているのかに気付かせたいところです。直前の、残雪の胸元にはやぶさが飛び込む場面と、大造じいさんが二羽にかけよっていく場面では、それぞれのはやぶさや残雪をアップで描いています。しかし、この一文は「すんだ空」を描いており、少し引いたルーズな切り取り方をしています。こうした効果についても考えることができます。

問いに正対するための条件

　この部分は情景描写になるので、まず情景描写に対する基本的な理解が求められます。

　導入で、「秋の日が、美しくかがやいていました。」や「東の空が真っ赤に燃えて、朝が来ました。」などの他の部分について振り返り、情景描写の効果について前時までに理解されている必要があります。情景描写が象徴表現として心情を表していることを意識させます。

　また、物語には色彩に関する語が多く使われています。こうした色彩に関する語の効果について、感じ方や用いられ方についての学習が求められます。特に、「白」についての場面や文脈によって感じ方の違いを経験させておきたいところです。

交流で期待する反応

Ｃ１：私はこの「白い花弁のように」って言葉があることで、なんかすごくきれいな
　　　感じがしました。
Ｃ２：なんかこの「すんだ空」との組み合わせはきれいな感じだよね。

C3：でもそれって、気持ちがいい時に使うんじゃないの？　この場面って大造じい
　　　さんは戦いを見ているんだよね？　なんか変じゃない？

C4：確かに。この場面って戦いの場面だから、あんまりきれいって感じじゃないか
　　　も。なんか変な感じがする。

C2：なんか、時間が止まったみたいな感じじゃない？　そこで一応、残雪とはやぶ
　　　さの戦いも一区切りつくし、終わりを表してるみたいな。

実践における展開の様子

　導入では、まず「羽が、空に飛び散りました。」について、どんなことが伝わるか
を確認します。「飛び散るだから、落ちる感じではない。」、「勢いよくいろんな方向に
飛んで行った。」など、捉えたことについて答えさせ、問いに対する構えを作ります。

　構えができた段階で、「羽が、白い花弁のように、すんだ空に飛び散りました。」の
文を提示し、導入で扱った文との違いを捉えさせ、「白い花弁のように」や「すんだ
空に」の部分があることによって、どのようなことが伝わるかという課題に焦点化さ
せます。課題に迫る中で、はやぶさと残雪の戦いの緊迫した部分から、この一文があ
ることの違和感について考えさせるとよいでしょう。

交流後の解釈例

○白い花弁、すんだ空について

・「白い花弁」という言葉には、「きれい」や「純粋」といったイメージがあると思い
　ます。また、すんだ空を背景に、花弁のように羽が飛び散る感じは、そのイメージ
　を強くしていると思います。

・「すんだ空」があることによって、この一文が他の部分より目立っているのだと思
　います。はやぶさと残雪の激しい戦いの中で、残雪がはやぶさから攻撃を受けて傷
　を負っている感じも印象に残ります。

○動と静のギャップ

・前の文の「ぱっ。ぱっ。」という音と、「羽が、白い花弁のように、すんだ空に飛び
　散りました。」を関連させて考えると、前後の文にとても差があるように思います。
　ここまでは、短い文でテンポが良くスピードがあるような気がします。けれども、
　問いにある文は、はやぶさと残雪の戦いを遠くの方でゆっくり見ている感じがしま
　す。写真に写したようになっています。文の差が、残雪がはやぶさから攻撃を受け
　ることを強調しているのだと思います。

| 問い | 大造じいさんが残雪をうたないと決めたのはいつですか。 |

問いの意図

　この〈問い〉は物語のクライマックスに関する問いです。大造じいさんは、残雪とはやぶさの戦いを見て銃を下ろします。しかし、銃を下ろした理由については書かれていません。銃を下ろす前段階として、大造じいさんは、はやぶさと残雪との戦いの中で、残雪をうつことができるタイミングを見逃しています。見逃したタイミング、銃を下ろしたタイミングを中心にして、大造じいさんが残雪をうたないと決めた瞬間を探していくことになります。この〈問い〉を解決することで、大造じいさんの心情の変化をはっきりと捉えることができます。

問いに正対するための条件

　残雪とはやぶさの戦いの場面の流れについて読み取っておく必要があります。「大造じいさんは、思わず、感たんの声をもらしてしまいました。」や、「大したちえをもっているものだな」の場面、「広いぬま地の向こうをじっと見つめたまま、うーんとうなってしまいました。」の場面から、大造じいさんの残雪に対する心情が、変化していることを理解しておく必要があります。また、最後の呼びかけの場面での「おれは、ひきょうなやり方でやっつけたくはないぞ。」の部分からも、大造じいさんが正々堂々と戦おうとする気持ちが読み取れます。この部分は大造じいさんが、残雪を卑怯なやり方でうたないことを決める根拠になります。

交流で期待する反応

Ｃ１：僕は銃を下ろしたところだと思います。構えたけどうたないって決めたから銃を下ろしたのだと思います。

Ｃ２：私もそこだと思います。だって残雪ははやぶさと戦っているわけだから、そこをねらうのは卑怯だって思ったんだと思う。最後の場面のところにも、「おれは、ひきょうなやり方でやっつけたくはないぞ。」って書いてあるし。

Ｃ３：私も同じです。前の場面でも、大造じいさんは残雪の賢さに感心しているし、だからこそ、正々堂々戦いたいって思っているはずだから、銃を下ろしてうたないって決めたんだと思います。

C4：私は、「大造じいさんは、強く心を打たれて」っていうところだと思います。だって、問いはうたないと決めたってことだから、大造じいさんは傷ついた残雪にかけよっていったんだから、まだこの時点でうつ意思はきっとあったと思うし、でも残雪の態度によってうたないと決めたんだと思います。

実践における展開の様子

　ア「りょうじゅうをぐっとにぎりしめた大造じいさんは、ほおがぴりぴりするほど引きしまるのでした。」、イ「大造じいさんは、強く心を打たれて、ただの鳥に対しているような気がしませんでした。」、ウ「じいさんは、おりのふたを、いっぱいに開けてやりました。」、エ「大造じいさんは、ぐっとじゅうをかたに当てて、残雪をねらいました。」、オ「が、何と思ったか、また、じゅうを下ろしてしまいました。」の、大造じいさんの心情にかかわる叙述を短冊にしておき、１枚ずつどのような気持ちだったかを問います。その後、短冊を並べ替えて、大造じいさんの心情の変化の流れについてつかませ、本時の〈問い〉を提示して子どもたちに考えさせます。一連の大造じいさんの心情の変化を理解していることで、根拠を選びやすくなるでしょう。

交流後の解釈例

○銃を下ろしたところ

・銃を下ろすという行動から、大造じいさんが残雪をうたないと決めたと考えます。また、「大造じいさんは、思わず、感たんの声をもらしてしまいました。」や「広いぬま地の向こうをじっと見つめたまま、うーんとうなってしまいました。」の部分を関連させて考えると、大造じいさんは残雪に対して尊敬の気持ちをもっているのだと思います。そのため、はやぶさと争っている時に横からうつことは、正々堂々と戦うことにはならないと考えて、銃を下ろしたのだと思います。

○強く心を打たれたところ

・残雪に対して、大造じいさんは銃を下ろすけれども、その後で、はやぶさと残雪が落ちていった沼地にかけよっています。かけよるということはまだ、大造じいさんの心の中には、残雪を仕留めてやろうという気持ちが残っているのだと思います。しかし、かけよった時に、残雪の傷つきながらもがんの頭領としてのりっぱな態度に心を打たれるので、そこであらためて、大造じいさんは残雪をうたないことを心に決めたのだと思います。この戦いの後で残雪の傷を治しているところからも、大造じいさんが残雪と正々堂々戦うことを願っていることが感じられます。

> **問い** いつまでも、いつまでも見守っている大造じいさんを、
> あなたはどう思いますか。

問いの意図

　この〈問い〉は、登場人物の行動を評価する問いです。物語を締めくくる一文である、この「いつまでも、いつまでも見守っていました。」という大造じいさんの行動を評価することで、物語の空所である大造じいさんと残雪の関係性を意味付けることになります。「大造じいさんとがん」の作品構造が大造じいさんと残雪という二者の登場人物を中心に描かれているため、両者の関係性を意味付けるということが作品全体を意味付けることにつながります。

問いに正対するための条件

　「いつまでも、いつまでも見守っていました。」は物語の最後の表現であり、その重要性を子どもたちが理解している必要があります。「ごんぎつね」など既習の教材を使いながら、最後の一文の重要性を指導しておきましょう。

　また、「いつまでも」の部分が２回使われていることから、大造じいさんが残雪の飛び立っていく姿を長い時間見守っていたということが、より強調した表現で描かれていることを捉えさせます。そこから、なぜ大造じいさんは残雪のことを長い時間見守っていたのかを、考えさせるとよいでしょう。

交流で期待する反応

Ｃ１：私は、大造じいさんは次の残雪との戦いを楽しみにしているんだと思います。「おーい。がんの英雄よ。」の「英雄」って言葉は、残雪の頭のいいところを認めているってことだし、「また、堂々と戦おうじゃあないか。」とも言っているので、楽しみにしているのだと思います。

Ｃ２：僕は、残雪との別れが少しさみしいんじゃないかと思います。だって大造じいさんは残雪とひと冬こしたって書いてあるから、３か月くらいいっしょにいたはずだし、いっしょにいた仲間との別れはさみしいと思うからです。

Ｃ１：残雪と大造じいさんって仲間なの？

Ｃ３：私は、また戦いたいって思っていると思うんだけど、仲間っていうよりライバルって関係じゃない？　晴れ晴れとした顔つきで見守っているって言ってるし。

C2：でもさ、残雪のことを大事って思ってなきゃ、傷なんて治さなくない？　胸を
　　くれないに染めるって血がたくさん出てるってことでしょ？　大造じいさんが
　　助けなかったら死んでたってことなんじゃないの？

C1：確かに大造じいさんは、死にそうな残雪を助けたは助けたけど、死んでしまっ
　　たらもう一度戦うことはできなくなってしまうし、それは自分の認めたライバ
　　ルに対して正々堂々と戦うって気持ちの表れなんだと思うけど。

実践における展開の様子

　まず、「いつまでも見守っていました。」と「いつまでも、いつまでも見守っていま
した。」の2つの文章を子どもに提示して、感じ方の違いを捉えさせます。子どもは
「いつまでも、いつまでも見守っていました。」の方が、大造じいさんが残雪を見てい
る時間が長く、余韻が残っていることに気付くことができるでしょう。そこから、本
時の〈問い〉を提示して、この時間の裏にある大造じいさんの思いを、一人一人想像
させるようにします。

交流後の解釈例

○次の戦いを楽しみにしている

・大造じいさんが「晴れ晴れとした顔つき」で見送っているところから、残雪との別
　れを悲しんでいるわけではないことが分かります。また、残雪に呼びかけている言
　葉から、大造じいさんが、残雪との次の戦いを楽しみにしている様子が分かります。
　長く見送っている理由は、次への戦いを待ちわびていて、ライバルである残雪と次
　に出会った時に正々堂々と戦うことのできることを期待しているからだと思います。

○残雪との別れを惜しむ

・冬から春になる場面には、残雪と大造じいさんが3か月以上も共に生活していたこ
　とが想像できます。また、3年間にわたる戦いから、大造じいさんが残雪に尊敬に
　も似た気持ちをもっており、大造じいさんから残雪への仲間意識が生まれていると、
　私は考えます。また、「いつまでも」の部分が2回使われ強調されているので、残
　雪のことを長い時間見送っていたことが分かります。私は、大造じいさんは、同じ
　時間を過ごした残雪との別れを惜しんでいるのではないかなと思います。

1-11 6年「きつねの窓」

安房　直子

「きつねの窓」は、ファンタジー構造が入り組む作品です。2つの異世界に翻弄される主人公「ぼく」の心情や境遇は、6年生にとって解釈が困難という指摘もあります。松本（2014）は、このような指摘に対して「小学校高学年における学習者の多様な気づきの中には、このテクストの語りの持つ特性に対する違和感も含まれるはずであり、何かわからないつらさ、悲しみを読むことは可能であろう」と述べています。

二重のファンタジー構造

「きつねの窓」には、「ぼく」が迷い込む異世界と、ひし形の窓に映る異世界という2つの異世界があります。

まず、青いききょうの花畑が広がる野原から、見慣れたすぎ林に至るまで、場面の移り変わりにもかかわる異世界Aです。この異世界Aの中で、「ぼく」は子ぎつねと出会い、指を染めてもらうことになります。

次に、三度作られるきつねの窓が、それぞれ映し出す異世界Bです。異世界Bは、指を染められ、ひし形の窓をのぞくことによって見られる人物や風景です。「ぼく」が見た異世界Bは、〈母ぎつね〉〈大好きだった女の子〉〈焼失した自宅の庭〉です。異世界Bは、三度目の窓を見た直後、「ぼく」が手を洗うことによって失われます。

異世界Bが異世界Aの中で起こることであれば、二重のファンタジー構造は分かりやすいものだったかもしれません。しかし、異世界Bは異世界Aを飛び出した形で現れます。「ぼく」が三度目に見た窓は、子ぎつねと別れ見慣れたすぎ林を歩む帰路で見られます。松本は、この二重のファンタジー構造について次のように述べています。

> 第一の異界の往還によって、「ぼく」は鉄砲を失い、「親切なきつね」に出会う機会を失う。そして第二の異界の往還によって、「ぼく」は妹や母という大切な人の不在を想起した上で出会いの可能性を喪失する。取り戻すことができない喪失の深さを二つの異界の境界のずれが決定的にする。「ぼく」の変容は深刻な喪失感にあると見るべきである。

語りと視点

異世界Aと異世界Bでは、「ぼく」の語りによって、ファンタジーとしての性質を

区別することができます。

　「きつねの窓」は、語り手「ぼく」が語る一人称の語りの物語です。一人称の語りの場合、語っている人物が見聞きしていることを語るため、その人物が知りえること、感じることの中だけでしか語られないという特徴があります。異世界Aでの「ぼく」は、「ふうん、これはひとつ、だまされたふりをして、きつねをつかまえてやろうと、ぼくは思いました。」など、冷静な様子があります。また、指を染めてもらったかわりに差し出した銃はなくなり、お土産にもらったなめこが入ったポリ袋は、異世界Aを抜け出した後もなくなりません。このように、「ぼく」の語りによって、異世界Aはとても現実的な世界になっているのです。

　「ぼく」の語りで特徴的なことは、曖昧な表現にもあります。作品の冒頭は「いつでしたか、山で道に迷った時の話です。」という叙述で始まります。「ぼく」にとってこの事件は、重大なものであったにもかかわらず、なんとも不明確な語りと言えます。きつねの窓にかかわる一連の出来事が、当事者である「ぼく」によって語られることによって、まるで異世界Aがずっと続いているような感覚にもなってきます。本作品の終末は、次のような「ぼく」を表すものです。

　それでも、ときどき、ぼくは、指で窓を作ってみるのです。ひょっとして、何か見えやしないかと思って。君は変なくせがあるんだなと、よく人に笑われます。

　「ぼく」の習慣化された行動には、この話を語っている現在も、異世界Aから抜け出せていないような雰囲気があります。

二重の喪失と空所

　教室での子どもたちの読みは、「ぼく」が失った「きつねの窓」に集約されてしまいがちです。しかし、松本が述べるように、二度と会えないはずの家族に会えたかもしれないという状況を失った、という重大な喪失が本作品の核心にあります。その核心に迫っていくためには、「ぼく」の行動や語りに現れる矛盾やズレに着目する必要があります。例えば、本作品の空所として「ぼく」が母を見る前に窓をくずした理由があります。母の姿を期待しながらも自ら拒否していく矛盾であり、記憶の奥底に押し込めていた悲しい過去との対峙から逃げる「ぼく」がいます。

　「きつねの窓」にある、ファンタジー構造の二重性や語りの特徴を踏まえた〈問い〉によって、十分な解釈を引き出していく必要があります。

問い 「ぼく」が、三度目に見たきつねの窓を見続けられなかったのはなぜでしょうか。

問いの意図

　「ぼく」が見た三度目の窓は「自分の家の庭の風景」でした。雨がふり、「ぼく」の長ぐつが転がる庭です。窓をつくって現れた風景に人物の姿はなく、自身と妹の声が聞こえます。「ぼく」は母の登場を願ったかと思いきや、思い出すように、二度と戻らない焼失した家と亡くなった妹を語ります。直後、「ぼく」は両手を下げ、窓を見続けることはありません。

　「ぼく」が三度目の窓を見続けられない理由は、唐突に現れた幸せな風景と同時にわき起こる、家族と家を失った過去の痛みに耐えられないことが考えられます。加えて、「母は庭に出てこないのでしょうか……。」と願った「ぼく」の気持ちがこの窓の奥深さを示しています。

　見続けられなかったという「ぼく」の行動に問いを限定することで、子どもたちの思考を焦点化しています。また、「ぼく」の人物像や他の窓との関連など、作品全体とのつながりの中で考える必要性もあります。窓が必ずしも幸せだけをもたらすわけではないという、本作品の核心に迫っていく問いと言えます。

　この〈問い〉を考える際は、見たいと言っていたはずという葛藤から「ぼく」の気持ちの二面性に気付かせることが第一です。そして、語られた家族と家のエピソードを根拠にしながら、見たいと見たくない、見られないに揺れる「ぼく」の不安定な心情をまとめていくことになります。また、過去のエピソードを語った後、さておきと言うように「全くすてきな指を持ちました」と切り替える「ぼく」の様子にも注意したいところです。

　さらに、深く考えていくためには、きつねの窓の映し出すものは何なのか、きつねの窓が与える影響を関連付けていくことが期待されます。

　この〈問い〉の答えとして「急いでいたから」や「家に帰ってもう一度見れば良いと思ったから」という答えも想定できます。この答えは自分勝手なものとまでは言えませんが、これだけでは窓をくずした直後に過去のエピソードが語られることの説明がつきません。「ぼく」の葛藤に焦点化した思考を促す必要があります。

110

問いに正対するための条件

　この〈問い〉に正対するためには、作品の中で現れる３つの窓の共通点と相違点が整理されていなければなりません。

　また、「ぼく」の人物像に対するある程度の理解が必要です。

交流で期待する反応

Ｃ１：「母は庭に出てこないのでしょうか……。」って書いてあるのに見なかったってことでしょ。

Ｃ２：そもそも、この窓だけ人物が映ってないんだよね。

Ｃ１：見たいのに見られなかった理由を考えればいいんだよ。

Ｃ３：見られないって、見ていられなかったってことでしょ。

Ｃ４：じゃあ、見たくないってことじゃん。なんかつらいんでしょ。

実践における展開の様子

　きつねの窓に映るものについて整理します。窓に映るものについて、次々に発言させ、「好きな人」「会いたい人」といった人物に対する願望をかなえる面を板書しておきます。その中で、三度目の窓に人物が映っていなかったことや、「母は庭に出てこないのでしょうか……。」という文にも着目させます。これらのやりとりを経て、この〈問い〉が、会いたいはずなのに映らない、見たいと願ったはずなのに見ないという矛盾について考えるものだという課題理解をさせます。授業の導入段階で、課題理解が不足していると、「急いでいたから」や「家に帰ってもう一度見れば良いと思ったから」という答えに終始する危険性があります。

交流後の解釈例

・「ぼく」にとって母や妹の死は、とてもつらく悲しいことだから、母や妹を見てそのことを思い出したくないという気持ちから、窓をくずしたのだと思います。「ぼく」が母や妹を見るということは、見られたうれしさといっしょに死んだ悲しみも同時に思い出すということだと思います。

・「ぼく」がはじめに作って見た窓には、さっきまで考えていた好きだった女の子が映った。ということは、死んだ母や妹のことを忘れていたのだと思います。せっかく忘れていたものを思い出してしまったという気持ち。だから、窓をくずした後に、過去のことが語られるのだと思います。

> **問い** きつねの窓に映ったものは何だったのでしょうか。
> また、なぜ「それ」が映ったのでしょうか。

問いの意図

「きつねの窓」を読む場合に、避けては通れない問いです。本作品を読んだ子どもたちは、真っ先に自分の両手をひし形に構え、きつねの窓を作ってみせます。きつねの窓という重要なモチーフがもつ魅力を感じながら、窓が象徴することや暗示することを読むために必要な読みをつくる問いになります。

きつねの窓として現れる異世界は、「子ぎつねの窓」、「ぼくの窓①」、「ぼくの窓②」の３つです。「子ぎつねの窓」には、母ぎつね。「ぼくの窓①」には、大好きだった女の子。「ぼくの窓②」には、自宅の庭の風景。この〈問い〉が意図していることは、３つの窓の比較を通して、窓が映し出すものの規則性・共通性を見つけ出すことです。３つの窓に映るものを、叙述から説明すること自体は簡単ですが、その規則性・共通性を言い表すためには、一貫性のある抽象的な思考が求められます。

「子ぎつねの窓」は、窓に映るものをある程度決定付けるものになります。子ぎつねの会話から、会いたくても会えない存在であることが伏線としてしかれ、「ぼくの窓①」に映る女の子の死が共通点として浮かび上がります。ただし、ここで、子ぎつねにとっての母と「ぼく」にとっての大好きだった女の子が、対象としてつり合うのかという疑問が生まれます。その疑問に答えるのは、直前に「ぼく」がこの人物のことを考えていたという伏線であり、直近の記憶という位置付けです。「記憶」というキーワードによって、「ぼくの窓①」と「ぼくの窓②」はつながっていきます。しかし、「ぼく」の窓はなぜ映すものを変えたのかという新しい疑問が生じます。

「ぼく」の窓の変化を説明するためには、「ぼく」の記憶の深度を捉えていく必要があります。大好きだった女の子は、そのために直前の記憶として思い出されていたとも言えるでしょう。「ぼくの窓②」に映る風景は、「ぼく」が忘れていたものであり、記憶の奥底にあるものです。忘れていたようなものがなぜ映るのか、ただ忘れていたのではなく思い出さないようにしていた記憶なのか、だからこそ「ぼく」は窓を自分でくずしたのだ、と子どもたちは考えていくことになります。

問いに正対するための条件

〈問い〉がどのような答えを求めているのか、はっきりと見通すことが求められま

す。先に述べたように、映るものを具体的に述べるだけではありません。また、３つの窓にそれが映る理由を、個別に答えるものでもありません。３つの窓に映るものにある規則性・共通性を見つける必要があると、子どもたちが理解する必要があります。

交流で期待する反応

Ｃ１：きつねの子どもの窓は死んだお母さんで、「ぼく」の窓の女の子も死んでいるんでしょ。生き返ってほしい人ってどうかな。

Ｃ２：それなら、「ぼく」の家族の窓にも言えそうだね。

Ｃ３：でも、女の子って「もう会えない」と書いてあるだけで、死んだとは書いてないよね。生き返ってほしいは言い過ぎなんじゃない。

Ｃ１：じゃあ、会いたい人って感じかな。

Ｃ４：きつねの子のお母さんと「ぼく」の家族に比べて、女の子ってちょっと軽い感じがしない？

実践における展開の様子

　交流以前に、黒板上で、３つの窓に映し出されるものと特徴が一望できる状況をつくる必要があります。交流中に、どの窓の話をしているのか子どもたちが確認しながら、理解を深めることもねらいとしてありますが、混乱して交流についていけない子どもたちに対する支援と言えます。模造紙等に書き加えながら、導入時に確認していくことで、以降の学習掲示物として使用することができます。

交流後の解釈例

・きつねの窓には、その人の一番大切なものが映ると思います。きつねの子にとっては、亡くなったお母さんで、「ぼく」にとっては家族だった。「ぼく」の窓に最初、家族が映らなかったのは、悲しすぎて忘れていたからだと思います。

・きつねの窓は、心が強くひかれるものが映るものだと思います。きつねの子は、そのことが分かっていたからこそ「ぼく」に窓をあげたのだと思います。「ぼく」に家族を失った悲しい思い出を、思い出させるためにやったのだと思います。

| 問い | **きつねの子は親切なのでしょうか。** |

問いの意図

　きつねの子の人物像や心情にかかわる問いですが、この〈問い〉は、誰の立場から
きつねの子を評価するのかで、答えが異なってきます。

　まず、きつねの子を「親切」と言った「ぼく」の立場から考える必要があります。
「ぼく」にとってきつねの子は、素敵な窓をくれた人物です。それは「ぼく」自身の
会話と行動に表れています。「親切」という言葉は、当初きつねの子を馬鹿にするよ
うな軽薄な態度をとり、きつねの窓を見るとやすやすと言うなりになる「ぼく」が評
価したものです。きつねの子に対する「ぼく」の評価の理由を考えることで、「ぼく」
の人物像を深めることにもつながるでしょう。

　この〈問い〉は、このような「ぼく」のきつねの子に対する「親切」という評価を
踏まえたうえで、子どもたちが読者の立場から、きつねの子が親切なのかを判断する
ことを求めるものです。きつねの子を「親切」と考えている「ぼく」を客観的に捉え
ることを示しています。

　子どもたちの答えは、当然「親切」とはいかないものになるでしょう。きつねの子
が見返りに銃を求めていること、きつねの子が「ぼく」に「親切」にする動機がない
ことが真っ先に思い浮かびます。きつねの子にとって、母を殺した道具である銃を手
に入れることが最も重要な目的であったとする考えもありえます。

　この〈問い〉によって交流中に話題としたい点は、きつねの子が何を意図して「ぼ
く」にきつねの窓を与えたのかということです。子どもたちの中には、きつねの子に
よる壮大な復讐計画を思い描く子も出てくる問いです。きつねの子の本心が何であれ、
まったく気付く様子のない「ぼく」から発せられた「親切」という評価を、読み手の
立場から批判していくような読みを期待しています。

問いに正対するための条件

　この〈問い〉に正対するためには、本作品の大まかな出来事の展開、人物のかかわ
り合いについて把握している必要があります。この〈問い〉に答えようとすれば、き
きょう屋でのやりとり、「ぼく」の態度ときつねの子の態度の違い、その後の「ぼく」
の顛末といった要素が引き出されます。

　また、一人称の語りには、視点人物の知覚による制限がかかっていることを理解し、

114

その効果を生かした読みを経験していると取り組みやすくなるでしょう。

交流で期待する反応

C1：きつねの子どもは、親切じゃないでしょ。銃がほしかっただけだし。

C2：そうだよね。親切だっていうのは勝手に「ぼく」が思ったことだもん。

C3：でも、銃がほしいだけできつねの窓を作ってあげる必要があるかな？　だって、自分が手に入れたすごいものでしょ。それをわざわざ敵にあげる？

C4：母ぎつねをうったのが「ぼく」かどうかは、分からないでしょ。

C3：でも、人間って感じだったら敵でしょ。

C2：確かに、子ぎつねはとてもていねいな感じだよね。親切かっていうとちょっと違う気がするけど。

実践における展開の様子

　まず、作品全体が「ぼく」による一人称の語りであり、「ぼく」の知覚ですべてが描かれていることを、叙述を挙げながら確認します。その中で、きつねの子を「親切」と評価したのが「ぼく」であることの理由を発言させていきます。「ぼく」の立場から「親切」と思われる要素を黒板に列挙した状態で交流を始めることで、「ぼく」やきつねの子を客観的に捉えていくことができるでしょう。

交流後の解釈例

・きつねの子は、やっぱり親切なのだと思います。確かにお母さんを人間に殺されたうらみをもっていて、銃を取り上げているのだと思いますが、「ぼく」と話す感じがとてもていねいなので、武器を憎んでいるんだと思います。だから、「ぼく」に復讐しようとか、そういうことではないと思います。きつねの子は、「ぼく」も一人ぼっちなのが分かっているから、「ぼく」に窓をあげたのだと思います。

・きつねの子は、親切ではないと思います。親切とは、あくまで「ぼく」が言ったことで、きつねの子は、はじめから銃を得るためにやっています。染物屋というお店にしているんだから親切とかいうものではないと思います。お土産をあげたことが親切という友だちもいましたが、お味噌汁の具をあげたということは、料理をしろということで、料理をしたら手はぬれるので窓はなくなってしまいます。私は、お土産が一番不親切なものだと思います。

問い この物語を語る「ぼく」を、あなたはどう思いますか。

問いの意図

「きつねの窓」の物語構造にかかわる問いであり、「ぼく」の主観性、知覚制限に焦点を当てた問いです。

教材分析108～109ページに記したように、「ぼく」による一人称の語りは、非常に不安定なものと言えます。冒頭に表れる記憶の曖昧さ、きつねの子に対する冷静を装う態度、ききょう畑の美しさに対する警戒心、きつねの窓の存在を無条件に受け入れる様子など、物語る「ぼく」に読者が不信感を抱くような叙述はつきません。

この〈問い〉には、3つの段階があります。

第一に、物語に登場する「ぼく」と、物語を語る「ぼく」を区別する段階です。具体的には、冒頭から窓を失うまでの「ぼく」と、その後の「きみはへんなくせがあるんだな」と言われる「ぼく」を区別することになります。時系列で整理することで、時間的な隔たりに気付くことはできるでしょう。重要なことは、この物語を語る「ぼく」は、きつねの窓によって思い起こされた、忘れていたはずの過去の悲しい記憶を覚えているということです。

第二に、「ぼく」が知りえないこと、つまり叙述に表れない空所と言える要素を見つける段階です。これは、「ぼく」の視点や思い込みを意識し、「ぼく」が見た景色や人物の様子、会話、出来事を疑っていくようなものです。

第三に、「ぼく」の語りの不安定さを捉える段階です。この段階を踏まえていない場合、この問いに対する答えは、子どもたちの勝手な想像になってしまいます。第三段階で最も重要なことは、物語を語る「ぼく」がこの物語をどう思っているのかを考えることです。

この3つの段階を踏まえることによって、読者である子どもたちの批評的な「ぼく」への視点が生まれます。

「ぼく」がきつねの窓をもう一度得たいと思っていることは間違いありません。そのために、きつねの子を探したり、窓を作ってみたりしています。しかし、その後の「ぼく」の行動には、積極性は感じられません。

問いに正対するための条件

この〈問い〉に正対するためには、先に述べた3つの段階をどのように確保するの

か、教師が意図的に計画する必要があります。既習内容で網羅されているのか、導入
段階で扱い〈問い〉のきっかけとするのか、交流の中で掘り起こされるべきものと判
断するのか、子どもたちの実態に応じて考えていきます。

　また、人物や物語そのものに対する客観的な意見や批評を行った経験をつんでいる
ことが望ましいでしょう。「かわいそう」といった感情的なものでは、答えとなりま
せん。

交流で期待する反応

Ｃ１：「ぼく」はきつねの窓にまだ未練があるに決まってる。なんかかっこ悪いよね。
Ｃ２：でも、今も必死に探してるって感じじゃないよね。
Ｃ３：そもそも、もう１回ほしいのは、家族を見たいからでしょ。今度は、ちゃんと
　　　お母さんが出てくるまで見ようって思ってるんだよ。
Ｃ４：せっかく忘れてたのにね。絶対、思い出さなかった方が幸せだったでしょ。
Ｃ３：そうかな。悲しい思い出に、きつねの窓っていう不思議な話がくっついて、ち
　　　ょっと救われているような気がするけど。

実践における展開の様子

　導入で第一段階を扱う場合は、登場する「ぼく」と、終末あるいは語る「ぼく」と
を比較します。失ったもの・得たものの違い、気持ちの変化などを基に比較できます。
　第二段階は、叙述を確認することになります。いくつかの叙述を提示し、疑わしい
ものを選んで、その理由を検討します。
　第三段階は、語っている「ぼく」は、何を思っているかを発言させます。「またき
つねの子に会って指を染めてもらいたい」「手を洗ったことを後悔している」など、
終末で語られる「ぼく」の様子を根拠にしながら、表面的な答えをまず挙げておきま
す。「自分ならこの物語を人に話しますか。」といった補助発問を加えながら、〈問い〉
につなげていきます。

交流後の解釈例

・私は、「ぼく」をかわいそうに思います。「ぼく」にとって、お母さんや妹を亡くし
　た記憶は一番つらいものだと思います。「ぼく」はきつねの窓のことを思いながら、
　この話をするたびに、家族のことを思い出してしまいます。忘れたままの方が楽だ
　ったと思います。

1-12 6年「海の命」

立松 和平

　近年、「海の命」は6年生における定番教材として扱われています。多くの教室では太一と父、太一と与吉じいさという関係性を中心に読まれ、それぞれの人物の生き方を読むといった方向へ学習が展開する場合も少なくありません。しかし、「海の命」は生き方を描いたものなのでしょうか。太一の成長に影響を与えた父、与吉じいさの言葉を手がかりにしながら、瀬の主と対峙した瞬間にある太一の葛藤と選択を意味付けていくことが重要だと考えます。そして、「海の命」が何を描いているのかを考えていくことも必要ではないでしょうか。

語り手の寄り添い

　「海の命」は、三人称の語り手が語っていますが、大きく太一に寄り添った語りが随所にあります。山本（2005）は、客観的な事実が語られず、太一の受け止め方に左右されて語られる本作品について次のように述べています。

　　事実がどうであったかを問題とするのではなく、太一の主観によりそって、物語を把握するしかないのである。

　また、終末の一文は、語り手の太一に対する評価が表れているとも思える叙述です。

> 　巨大なクエを岩の穴で見かけたのにもりを打たなかったことは、もちろん太一は生涯だれにも話さなかった。

　この叙述にある「もちろん」という言葉に違和感をもつ子どもたちがいます。瀬の主との対峙と太一自身の選択は、太一が我が子へ漁師としての在り方を伝えるエピソードとして、十分なものとも言えます。それは、与吉じいさにおける「千びきに一ぴき」に匹敵する決断にも思えるほどです。にもかかわらず「もちろん」という言葉を使うところに、語り手による太一への共感や賞賛という評価があります。このような語り手の太一への寄り添いを考慮することで、〈問い〉による交流が生まれます。

物語の空所

　「海の命」における最大の空所は、太一はなぜ瀬の主を打たなかったのかというこ

とです。この点については、必ずといってよいほど授業の中で取り上げられています。

　太一にとって追い求めてきた瀬の主は、父とのつながりをもつものです。ただし、太一が遭遇した瀬の主と思われるクエが、父を破ったクエであるかどうかは、確かめることができません。例えば、父のもりを体につきさした瀬の主は「光る緑色の目」であり、太一の遭遇した瀬の主は「青い宝石の目」として描かれています。太一が遭遇したクエに、父が残したもりの傷があるような描写もありません。

　教材研究において指摘される点は、一貫性のある説明の難しさです。簡単に言えば、もりを打たないと決めた太一の心情の変化が唐突すぎるということです。そして、それまでの物語の筋とのギャップに読者は悩まされることになります。山本は、太一と瀬の主が対峙する場面を次のように述べています。

　　瀬の主との対決というクライマックスシーンで、読者は肩すかしを食らったような印象をもつのである。ここまで、てっきり復讐譚だと思い込んでいた読者は、「村一番のもぐり漁師だった父を破った瀬の主」と太一がようやく対決するのかと思いきや、はぐらかされる。

　山本は、「海の命」が、父の死と太一の成長を結びつけた安易な復讐の物語とされてしまう構造に着目しています。そして、山本は、太一が父を破った瀬の主を追い求めてきたことを柱として描かれていること自体が、かえって解釈を困難にしているとしています。

問いに結びつきにくい空所

　「海の命」にある、教室の中では十分に埋めることのできない空所として、母の思いがどのように太一に働いているのかがあります。原因の1つとして、母がかかわる場面が極端に少ないことが挙げられます。母が太一の行動に夫の姿を重ね、太一の身を案じていることは確かでしょう。しかし、父の海に潜る太一の想いと母の悲しみは関連付けて考える必要があるのか、瀬の主との対峙における太一の葛藤と選択にこの母の思いがどのようにかかわるのか、このような疑問に答える叙述が不足していると言えるでしょう。

　母がかかわる叙述は、掲載教科書によって差異が見られる箇所です。例えば、教科書本文の比較を通した読みという形で教材化の可能性はあると考えます。

　（平成30年時点では、光村図書・東京書籍に掲載されており、差異が認められます。）

問い 父が死んだ海は、太一にとって、どのようなものなのでしょうか。

問いの意図

　この〈問い〉は、父の海に対する太一の印象や想いの変化、実際に潜った様子の描写を読むことを意図しています。掲載教科書によっては、次の一文の有無が異なります。（この一文の有無をめぐる検討も、読みの交流を促す手立てになるでしょう。）

> 母が毎日見ている海は、いつしか太一にとっては自由な世界になっていた。

　この一文を前提とするならば、太一にとって「自由な世界」とはどのようなものだったのか、という問いになるでしょう。もちろん、この〈問い〉に対する答えが「自由な世界」というわけではありません。

　前段として、太一にとって父の海は、父が死んだ海です。そして太一自身の成長に合わせて海への認識も変化していきます。与吉じいさから「村一番の漁師」と評価され、たくましい漁師として成長した太一にとって、父の海は自分の手に届く海になっています。それは、父の死をどのように受け入れているのかという問題にもつながるでしょう。「とうとう、父の海にやって来たのだ。」という語りからも、太一の高揚感が伝わります。

　この〈問い〉に対する答えは、このような父の死を起点とした父の海に対する太一の認識の変化だけでなく、実際にその海に潜った太一が抱く感覚や想いについても求めています。父の海に潜り始めた太一の様子についての描写を読む必要があります。例えば次のような描写があります。

> 海中に棒になって差しこんだ光が、波の動きにつれ、かがやきながら交差する。

　父の死んだ海であり、母の危惧する海であるにもかかわらず、美しさを伝える情景描写です。子どもたちは、この〈問い〉を通して、太一のおかれた境遇と父の海に潜る太一の様子とのギャップを説明することになります。

問いに正対するための条件

　太一にとっての海に対する印象や想いを読む際には、与吉じいさと太一が漁をしていた海と父が潜っていた海が、異なるエリアを指すことを整理しておく必要がありま

す。作品の大まかな設定を読む段階で、父はもぐり漁、与吉じいさは一本づりという、二人の漁の違いとともに、切れ目のない海に対して区分けするような「○○の海」という考え方を捉えさせておくとよいでしょう。

交流で期待する反応

C1：お父さんが死んだ時に、太一は小さかったから、そもそもお父さんの海に怖いイメージがなかったんじゃないのかな。

C2：お母さんとは全然違うイメージだよね。

C3：でも、お父さんがすごい漁師だってことは分かってて、そのお父さんが命を落としたんだから、自分もそれぐらいの漁師にならないと潜っちゃいけないっていうのは、あったんだろうね。

C2：だから、与吉じいさに村一番って言われてから潜ったんでしょ。

C1：お父さんぐらいの漁師になって潜りたかったんでしょ。だって音楽を聞いている気分になっちゃってるし。

C4：なんか、わくわく感が出すぎだよね。

実践における展開の様子

　多くの要素からの説明を求める問いであるため、〈問い〉が求める答えのイメージを導入で共有する必要があります。そのために、太一が父の海に潜って感じた海の様子について、叙述を細かく抜き出していきます。積極的に発言を求め、板書で整理しておきます。板書に書かれた太一の実感を可視化し、交流につなげます。

交流後の解釈例

・太一は、父の死んだ海にあこがれていたのだと思います。太一は、「おとうといっしょに海に出るんだ。」と言っていたから、いつかお父さんの潜っていた海に自分も潜りたいと思っていたのだと思います。海の中でも、復讐のために瀬の主を探している感じはせず、海を楽しんでいるような感じがする。だから、太一の感じた海は、きらきらしたきれいなものなのだと思います。

> **問い** 太一は、瀬の主を打たなかったことを、なぜ誰にも話さなかったのでしょうか。

問いの意図

　教材分析119ページで述べたように、瀬の主を打たなかった太一の心情の変化は、一貫した説明が難しい点があります。この〈問い〉は、瀬の主を打たなかったことを直接問うのではなく、そのことを伝えなかった太一の心情を探ることで、打たないことの意味に焦点を当てていると言えます。

　ただし、この〈問い〉においても、瀬の主を打たなかった理由については考えることになります。誰にも話さなかったという結果から、打たなかった理由を探っていくことになります。そこには、「村一番の漁師」という他者からの賞賛と、「本当の一人前の漁師」になろうとしていた、自分を超えようとする瞬間があったことになります。

　また、太一が瀬の主にもりを打たなかったことについての、語り手の「もちろん」という言葉にも着目することになるでしょう。読み手にとって、太一が誰にも伝えないことが、「もちろん」というほどの明確な根拠は見当たりません。ここで、子どもたちは、瀬の主にもりを打たないことと「もちろん」の意味に、関連性をもたせる必要が生まれます。そして、その意味は、瀬の主を打つことと「本当の一人前の漁師」、父と瀬の主など、多くの関連の中で考えることで、より一貫性のある答えになっていきます。

問いに正対するための条件

　太一が誰にも話さなかった理由を、端的な答えで一蹴してしまう子どもたちがいます。例えば、瀬の主を目前で逃がしたことを悔いているといった後悔や羞恥心、クエをお父さんとした自分の考えが周囲に理解されないからなどです。いずれも、誤読というほどの根拠が叙述にはありませんが、不十分であることは確かです。子どもたちの意識の中に、太一が受け継いできたように太一にも次の世代に引き継ぐ責任がある、といった考えを促すことが必要になります。「海の命」には、世代を超えて海に生きる人たちが描かれており、終末には親としての太一の様子まで示されています。瀬の主と対峙したにもかかわらずもりを打たなかった太一の選択は、次の世代へ語る教訓にならないのかという疑問を、子どもたちに投げかけることもできるでしょう。

　この問いは、「海の命」において問われるべきことが十分に理解されている状況で

取り組むことで、全体を通した一貫性のある答えが可能になります。

　さらに加えると、語り手の登場人物に対する評価と思えるような叙述についての読みの経験が求められます。他教材でそのような読みを経験していない場合は、「もちろん」を直接話題にした学習の導入が必要になります。

交流で期待する反応

C1：言いたくなかったからでしょ。お父さんがクエになってるとか絶対信じてもらえないし。

C2：それは、たとえみたいな感じでしょ。与吉じいさの時も「海に帰った」とか言うようになってた。

C3：自分だけの大事な気持ちだからじゃない。お父さんの敵と思って瀬の主を追ってきたはずなのに、お父さんとか与吉じいさとか、いろんな命に見えちゃったんでしょ。

C4：自分の子どもに教えるようなことではないってことか。きっと「千びきに一ぴき」は教えてるでしょ。自分も教わったんだから。

C3：だから、自分だけのってことでしょ。瀬の主にもりを打たなかったのは、漁師としての生き方とは全然違う話なんじゃない。

実践における展開の様子

　瀬の主との対峙について誰にも話さなかった太一の選択について、賛成か反対か、選ばせるところから学習が始まります。二択にすることで、全員がいずれかのイメージをもつことになります。その後、「もちろん」という言葉を提示し、お話の中では当然話さないこととして扱われていることを確認し、〈問い〉を提示していきます。

交流後の解釈例

・私は、太一は自分だけの思い出として大切にしておきたいから話さなかったんだと思います。太一にとって瀬の主との対決は、自分の人生をかけた夢で、もりを打たなかったことは自分でも予想外だったのだと思います。お父さんとの思い出なのだと思います。

・瀬の主を守ろうとしているのだと思います。瀬の主が海の命と思えるほど大事なものだと思っていて、おもしろがって漁師がとりにいってはいけないと考えたのだと思います。

> **問い** 「本当の一人前の漁師」とは、どのような漁師なので
> しょうか。

問いの意図

　この〈問い〉に答えることは、「村一番の漁師」とはどのような漁師を指すのかという点を前段に考え、太一の考えていた「本当の一人前の漁師」の姿を捉えることになります。

　「村一番の漁師」という言葉は、作品の中で二度使われます。最初は与吉じいさの会話文として、次に結末の語り手の言葉としてです。特に与吉じいさの言葉は、太一の成長の節目を意味するもので、瀬の主と対峙する前、すでに太一は「村一番の漁師」であったことを示しています。それは、瀬の主に敗れたとされる父を超えようとする太一にとって当然のハードルとも言えます。さらに、瀬の主をもりで打たなかった後も、語り手によって「村一番の漁師であり続けた」と言われていることから、瀬の主を打つことと「村一番の漁師」であることは、区別して考えられます。つまり、「村一番の漁師」に必要なことは、与吉じいさの下で、太一が身につけたことと言えます。

　このように考えれば、「本当の一人前の漁師」における「本当の」が指す対象は、太一がすでに称された「村一番の漁師」に足りないものです。それは、「千びきに一ぴき」という教えを超えるものであり、瀬の主に敗れた父を超えるものであると考えられます。重要なことは、「本当の一人前の漁師」はあくまで太一の主観であることです。そして、太一はその考え方を捨てることになります。この〈問い〉に答えることは、太一が瀬の主にもりを打たなかった理由を解釈するために重要なものと言えます。

問いに正対するための条件

　この〈問い〉に正対するためには、瀬の主との対峙に至るまでの太一の漁師としての成長を、与吉じいさと父のエピソードを基に捉えておく必要があります。

　また、与吉じいさの「千びきに一ぴき」という考え方について、現実的な意見として違和感をもつ子どもたちもいます。社会科では5年生で水産業の学習を経ており、漁場を守るという視点をもち合わせてはいるものの、あまりに漁獲量が少ないのではないかという疑問です。実はこのような子どもたちへの手立ては重要であり、放置すべきものではありません。「千びきに一ぴき」を比喩として、あるいは作品全体をあ

る程度ファンタジーとして受け入れさせることが必要です。

交流で期待する反応

C1：結局、大きな魚をとれるってことなんでしょ。

C2：いや、それじゃあ、「村一番の漁師」って言われないでしょ。

C3：ってことは、お父さんは瀬の主に負けてるんだから、お父さんは本当に一人前
　　じゃなかったってこと？

C4：いやいや、そんなこと言ったら太一だって結局殺さなかったんだから、みんな
　　一人前じゃなくなっちゃうじゃん。

C2：まあ、でもそういうことでしょ。だから、瀬の主を倒さないと一人前じゃない
　　って思っちゃったのは、太一でしょ。

C4：ああ、それでやめたってことは、一人前と瀬の主を倒すことがそもそも関係な
　　いって気付いたみたいな感じね。

実践における展開の様子

　問いを提示する前に、太一の成長を掲示物や板書によって可視化し、全体で共有することが有効です。特に、太一が「村一番の漁師」として与吉じいさから認められている点や、太一にとって父を破った瀬の主との対峙は追い求めていた夢である点を、時系列にそって一望したいところです。

　太一が与吉じいさから「村一番の漁師」であると言われているということを、全員が理解している状態で読みの交流を始める必要があります。

交流後の解釈例

・「村一番の漁師」とは、たくさんとろうと思えばとれるけれども、与吉じいさの言うような海の命を無駄にしない漁師のこと。太一が思う「本当の一人前の漁師」とは、どんな魚にも負けない強い漁師のことだと思います。太一は、瀬の主と対決するまで、心のどこかでそう思っていたんだと思います。

・「本当の一人前の漁師」は、どんな魚でもとれる漁師のことだと思います。太一は、お父さんが瀬の主に負けて、死んでしまったことがずっと心に残っていて、自分が瀬の主を倒さないといけないと思っているのだと思います。だから、「本当の一人前の漁師」っていうのは、他の漁師の人には関係なく、太一だけが思っていることなんだと思います。

| 問い | 「海の命」とは、何なのでしょうか。 |

問いの意図

　本作品の中で象徴される言葉について考える問いです。なお、「○の命」という立松和平の他の作品との比較を通した読みは考慮していません。

　この〈問い〉において、子どもたちに意識させなければならないことは抽象的な考え方、作品世界を捉えることです。「海の命」という言葉は作品内で二度使用されます。①瀬の主と対峙した太一の想いとして、②終末における、太一の漁師としての仕事に対する語り手の言葉として、です。この2つの海の命という言葉は、同様に扱うことのできない言葉です。①は、太一が、瀬の主という自身の考え方を変える大きな1つの存在から、背後に広がる数多の命の総体として受け止めた言葉です。②は、瀬の主に限定したものではなく、海に生きる命、さらにはその環境へと広がりをもった言葉です。①②の違いを交流の中で子どもたち自身が気付いていくのか、①②の違いを整理したうえで交流を始めるのか、①②いずれかの解釈を全体で共有してから交流に移行するのか、学習集団の状況によって問いの提示方法を工夫する必要があります。

　①②の差異以外に、「海の命」が象徴することを推し量る材料として、父の言う「海のめぐみ」、与吉じいさの言う「千びきに一ぴき」という言葉があります。また、題名という視点からこの〈問い〉に迫ることもできます。

問いに正対するための条件

　「海の命とは何か」というシンプルな問いに対して、子どもたちの中には、「魚」と、何の疑いもなく当然の答えをもつ子どももいます。太一の海と現実の海との区別がなく、問われていることを現実の海を思い浮かべて答えてしまうのです。また、「海の命は全く変わらない」という語り手の言葉に違和感をもつ子どももいます。とる数が少なくても、漁師として魚をとっているのだから、「まったく変わらない」というのは合わないという感覚です。「海の命」は、目立ったファンタジー要素がなく、子どもたちにとっては現実を切り取った物語として受け入れられてしまいます。すると途端に、象徴としての言葉に気付くことや抽象的な視点をもつことが難しくなります。

　現実との区別が難しい子どもたちに対しては、あえて、作品世界の中の言葉を使って問いに答えるように促すことで、スムーズに解釈することができます。「太一の海」といった学級造語をつくって、作品世界を表す言葉を共有していきます。他の物語作

品と同様に、学習掲示物などを生かして、意識的に現実世界との区別を図ることが有効です。

交流で期待する反応

C1：「海の命」って、魚じゃないの。

C2：いや、お父さんも与吉じいさも海に帰ったんだから、命に入るでしょ。

C1：じゃあ、魚と漁師みたいな感じ。

C3：そうじゃないでしょ。なんか、そういう具体的なものじゃなくて、たくさんの命が集まってる感じでしょ。

C1：生物は海から始まったとか、そんな話？

C4：そんなに理科っぽい話じゃなくて、太一とかお父さんとか与吉じいさとか、みんな海を通して生活をしていて、海に生かされているでしょ。だからそういう海を中心にした生活みたいなものじゃないかな。

実践における展開の様子

　二度使用される「海の命」①②を整理するために、「海のめぐみ」、「千びきに一ぴき」、「海の命」と書かれた短冊を用意します。それぞれ、誰の言葉かという投げかけをしながら、どの場面で誰にかかわる言葉なのかを確認していきます。この時点で、「海のめぐみ」、「千びきに一ぴき」という言葉に込められた父や与吉じいさの考えを話題にしておくことで、〈問い〉を考えるための材料が共有されます。「海の命」は、誰の言葉かを検討する中で、①②には違いがあるが正誤ではなく、どちらも「海の命」につながるものという理解をさせていきたいところです。

交流後の解釈例

・「海の命」とは、海にかかわる生き物すべてのことだと思います。海で生きる魚も、それをとって生きる漁師も、死んだら海に帰っていきます。とても多くの命が関係する海の代表として瀬の主がいて、太一はそう感じたんだと思います。だから瀬の主はまぼろしの魚なんだと思います。

・「海の命」は、海それ自体だと思います。魚以外にもたくさんの命が集まって、生き物がまるでかたまりみたいになっているのが海。太一は、そのかたまりがこわれないように千びきに一ぴきをとっているのだと思います。

2章 今、求められる物語の読みの学習

「読みの交流」は、1つの学術用語になっています。それは、単なるそれぞれの読み（解釈）の発表のし合いではありません。読みの交流が学習として成立するには、必要になることがいくつかあります。

読みを深めるため必要な要件を満たした探究的な課題（問い）が第一に必要です。感想を書くとか帯を作るとかいう見かけの活動だけでは不十分です。どんな感想を書き、どんな内容を帯に盛り込むのか、その内容を導く問いが必要です。

また、そこでは、活用される読みの知識・技能（例えば、隠喩や象徴の意味を説明できること）が明確になる必要があります。読みというものは、自由でよいのですが、無意識的にでも、読み方を知っており、何らかの知識や技能を活用してなされています。それを明確に意識化すると学習が焦点化します。

そして、その知識・技能が活用される（例えば、隠喩や象徴について学習したことを意識的に用いてテクストの読みに生かす）ことで、言語による表現を伴う相互作用的な活動（例えば、話し合いによる相互の考えの理解と自らの考えの見直し）がなされるわけです。

このようにして生み出される「読みの交流」は、学習者の言語的思考・認識のメタ認知に支えられ、学習者の読みと思考を新しく塗り替えていく、重要な学習活動なのです。

このような「読みの交流」は、「はじめに」で述べたような平成29年告示の学習指導要領の考え方に即したものと言ってもよいでしょう。しかし、それは、急に、今、求められているわけではありません。教育においてはいつも新しい課題が提示され、新しい用語が現れ、ある意味それに振り回されて、現場の教師が右往左往するように見えることがありますが、国語の学習、文学の学習において大切なことは常に同じなはずです。新しいことをやっているという感覚は、教師の実践を支える場合がありますが、何かが本質的に新しいかどうかは立ち止まって考えないといけないように思います。

「読みの交流」やそのための「問い」をめぐる研究はずっと行われてきています。学問に興味のある人は学会の論文を検索すればそれでそこに入り込めますが、そうでない場合は、むしろ自分とその周辺で行われてきた授業そのものを見つめることで、見えてくるものもあると思います。そこには、必ず良質の問いと交流があるはずです。

2-1 物語の読みと交流と言語活動

　読みの交流は、もともと言語活動の典型とも言える形でしか成立しないものです。

　平成20（2008）年告示の学習指導要領における「言語活動」は、いわゆるPISAショック後の議論を反映した形で、学力の規定の変更とともに示されたものでした。従来の国語科の学習指導要領において示されていた「言語活動」とは少し異なる意味をもっています。ところが、学習指導要領にも解説にも、明確な定義がありませんでした。そのため、学習をデザインする時のヒントとして機能しませんでした。

　『読みの交流と言語活動　国語科学習デザインと実践』（玉川大学出版部　松本修編著　2015）では、次のような、学習デザインにつながる定義を示しています。この定義は、平成19年頃から、多くの現場の先生方との単元開発を通じて作られました。

　　探究的な課題のもとに、活用を図ることにより、言語的思考にかかわる知識・技能および教科にかかわる知識・技能を確かなものとする、言語による表現を伴う相互作用的な活動。

　この定義は、思考力を育て、表現につながる学習をデザインする必要性、他者との協同・協調の中で相互作用的に発揮される実際的な活動の中で使える能力を育てていく学習を実現する必要性を含むものとなっています。

　この定義の中にある学習デザインの契機となる用語を、読みの交流と関係付けて示すと以下のようになります。

・探究的な課題＝読みを深めるための問い（感想を書くとか帯を作るとかいう見かけの活動だけでは不十分）
・読みの知識・技能＝例えば、隠喩や象徴の意味を説明できること
・活用を図る＝隠喩や象徴について学習したことを意識的に用いてテクストの読みに生かす
・言語による表現を伴う相互作用的な活動＝例えば、話し合いによる相互の考えの理解と自らの考えの見直し

「主体的・対話的で深い学び」の実現には、「言語活動」の正しい位置付けが重要で

あり、そのための1つの方策が「読みの交流」の学習であることが分かるでしょう。

読みの交流は「メタ認知的変容」を重視します。そこでは、読みの内容の自覚化、他者（他者の読み）への共感、自己認識が高まっていくことになります。そうでないと、読みの交流としての実質を認めることができないからです。読みの交流を実質あるものと認めることができるかどうかは、次の3つを基準として考えるとよいと思います。

① 実際の学習者の話し合いの中（書いたものでもよいわけですが）に根拠があること。
② 読み方があらためて自覚され、読み方を含めて変化があること。
③ 自分自身や他の学習者の読みについて、自分の読みと友だちの読みを比較したり、自分の読みを相対化したりする発言があること。また、読み方についての発言があること。

読みそのものが変化するかしないかは、あまり重要なことではありません。読みの交流の中で、まさに文学教材に対する見方・考え方が変容していくことが大切なのです。

このような交流を実現するためには、「問い」がきわめて重要なポイントとなります。アクティブラーニングを掲げる実践例や議論を見ていると、話し合いや相互行為をコントロールする「やり方」ばかりが取り上げられています。話し合いなら、話し合いのスキルがまず問題にされるわけです。しかし、それは二次的な問題です。互いに共有し、意識的に関心をもって検討できる「問い」がなければ、何も始まりません。本当に話し合いたいことがある時に、話し合いの手順や上手なやりとりが重要なことでしょうか。そうではないでしょう。話し合い方を学習する時には、逆に深刻な話題を選ばないものです。本当に話し合いたい、交流したいことをまず教室の中に生み出すことが、読みの交流を支えるのです。

2-2 物語の読みと問い

　さて、松本は、『文学の読みと交流のナラトロジー』（東洋館出版社　2006）において、交流を促す問いに必要な要件を5つに整理していますが、それを簡略化すると次のようになります。

① 誰でも気がつく表現上の特徴を捉えている。
② 着目する箇所を限定している。
③ 全体を一貫して説明できる。
④ いろんな読みがありえる。
⑤ その教材を価値あるものとする重要なポイントにかかわっている。

　このような問いを用意するか、学習者の側から引き出し、それをめぐって交流を生み出すよう学習をデザインするわけです。そこで行われる読みの交流には、およそ次のような特徴があると言うことができます。

・読みの交流は、読みを比べ合うだけではなく読み方を比べ合う。
・読み方にはその人らしさが現れる。
・「自分の読みが絶対正しい」と「どんな読みでもOK」は同じで、それを避ける。
・他者を介して自分を見直す。
・自他の成長をはかることを目標としている。

　松下佳代らの『ディープ・アクティブラーニング　大学授業を深化させるために』（勁草書房　2015）では、平成29年告示の学習指導要領に向けた議論にかかわる形で、「深い学び」につながる学習の要素を整理しています。松本（2016）では、そのうち、「学習サイクルにおける内化と外化」「深い戦略的なアプローチ・深い理解」「深い関与」を取り上げ、いずれも学習の具体的なプロトコルデータと対応させて、読みの交流の学習がそうした要素を満たすものであることを示したことがあります。
　もともと、国語科における優れた教育実践や研究は、松下の言うような「深さ」を目指すものとして行われてきたものと考えられ、読みの交流の学習に限らず、国語科の学習はディープアクティブラーニングと呼べるものが多かったと言うことができま

す。松下自身も、「深い学び」の例として、中学校の国語の時間での文学の学習の体験を語っていました。

　形式的なアクティブラーニングでは、頭をアクティブにせず内的活動の活性化がないまま、他のメンバーに寄りかかるフリーライダー（ただ乗り）の問題が指摘されています。実は読みの交流という活動においても、安易な読みの乗り換え、独善的な自己の読みへの執着、衝突のない多様性の容認など、表面的で形式的な活動が見られる可能性があります。先に示した３項目の読みの交流の認定基準は、そうした「楽をして学ばない」学習者をそのままに放置しないために考えたものと言うこともできます。しかし、「深さ」というものは、測りにくいし、過剰に「深さ」を言い立てることが、かえって学習を阻害するという可能性もないわけではありません。

　かつて、松本（2001）は、いわゆる「読みの〈深さ〉」にかかわって、以下のように述べたことがあります。

　　読みの〈深さ〉を目指すゆえに、文学教育はジレンマを抱え、その解決策が新たなジレンマをもたらしてきた。しかし、そうしたジレンマは、基本的にはある読みを〈深い〉ものだとする権威がどこかに安易に求められてしまうことから発している。

　　個人個人の読みを導く〈深さ〉の指標を、外在するものに求めるのではなく、読み手の解釈における一貫性の高さや、解釈の生成や変化の過程における言及に見られる言葉の量的拡大や一貫性の強化そのものに求めていけばいい。読みの〈深さ〉もまた、読みの過程、読みの交流の過程そのものにおいてしか見いだされないものであろう。

　ここで述べているのは「読みの深さ」についてですが、ディープアクティブラーニングがその特性にふさわしい評価法で評価されることを前提としていることとかかわりがあります。どこかの誰かが言った「解釈」のコピーが正解とされるような知識内容の評価では、読みの交流の学習成果は測ることができません。読みの交流は評価においても、ディープアクティブラーニングと同じ考え方に立っているのです。それは「主体的・対話的で深い学び」の実現を目指しているものでもあるわけです。

2-3 語りに着目した教材分析

1 「語り」に着目して読む

　「語り（narration）」とは、物語を推進していく「語り手」によって語られる言葉のことであり、ここでは地の文、ナレーションのことを指します。

　あまんきみこ作「きつねのおきゃくさま」（学校図書　平成27年版教科書 2年上）は次のように語り出されます。

---

　a むかし　むかし、あったとさ。
　b はらぺこきつねが　あるいて　いると、やせた　ひよこが　やって　来た。
　c がぶりと　やろうと　おもったが、やせて　いるので　考えた。
　d ふとらせてから　たべようと。
　e そうとも。よく　ある、よく　ある　ことさ。

---

　a「むかしむかし、あったとさ。」という昔話の語り出しは、物語世界には登場しない第三者の語り手（作者であるあまんきみこが設定した語り手）による、時間も場所も特定しないフィクションの世界に読み手を誘う語りです。

　次の、b「はらぺこきつねがあるいていると、やせたひよこがやって来た。」もまた、第三者の語り手がこの物語世界を俯瞰的に見下ろして起きている状況を説明している、と受け取ることができますが、一方で、bの語り手は、きつねが「はらぺこ」であるという、およそきつね本人しか知りえないだろうことを知っています。しかも、ひよこが「やって来た。」という表現は、ひよこがこちらに向かって来たという、ひよこの動作の方向を定点から見ているとも受け取ることができることから、きつねの視点でこの世界を見ているという印象があります。そう考えると、bの語り手は、かなりきつねに近いところで、きつねに寄り添いながら語っているとも言えるでしょう。

　さらにc、dの文では、「おもったが、」「考えた。」「ふとらせてからたべようと。」と、きつねの心中思惟を語ります。すでに、語り手は第三者ではなく、きつねそのものであるとも受け取ることができなくはありません。

　もちろん、そう読まなければならないわけではありません。ここに示したのは、語りの解釈の一例です。実際には、読み手は、自然と無自覚に語りの言葉を受け取りながら読み進め、自分の読みを形成していきます。語りをどう解釈するかは読み手にゆだねられていると言えるでしょう。

134

では、e「そうとも。よくある、よくあることさ。」はどうでしょう。第三者の語り手が、a と同じ「さ。」というリズム良い語り口で、読み手に対して「そんなこと、よくあるでしょ。」と語りかけているとも読めますし、きつねが語り手となって「たいしたことじゃないよね？」と自分を正当化しようとしているようだとも読めます。他にも、様々な解釈ができるでしょう。この e の文の事例のように、第三者の語り手に寄り添った読みを展開する読み手と、きつねに寄り添った読みを展開する読み手とでは、作品を読み進めるうちに、作品全体の解釈に違いが生じる可能性があります。

　こういった、語り手を多様に解釈できる語りの表現（描出表現）を野村（2000）は次のように指標として示しています（※は稿者）。以下のような表現に着目し、その多様性を想定することで、子どもの読みの多様さを予見することが可能になります。

〈描出表現の標識〉
　　1．叙述表現
　　　A　発話・思考を意味する表現（「想像した」「思った」などの動詞、思考内容表現）
　　　B　感情・感覚を意味する表現（「恥ずかしかった」「寒い」などの形容詞）
　　　C　視覚・聴覚を意味する表現（「見えた」「聞いた」などの動詞）
　　2．補助的な表現
　　　A　時間・場所・方向の表現
　　　B　モダリティー（※語り手の判断や感じ方を表す）の表現
　　　C　非再帰的な（※自分自身ではない）「自分」の表現

2 「語りを読む」という見方・考え方

　このような、「語り手は誰なのか」が多様に解釈されるような語りの言葉に着目して読む読み方は、作品を読む際の「見方・考え方」の1つであり、様々な作品を読む際に使える読みの方略でもあります。この読み方は、実際に語りに着目して読むことを体験し、他者と読みを交流して互いの読みを理解し合ってこそ身につく読みの方略です。したがって、語りに着目するような「問い」による読みの交流によって引き出される、読むための資質・能力であると考えます。この力は、他の作品を読む時に生涯にわたって使える読みの力になるのでないでしょうか。

　松本（2015）は、語りに着目して読むことで、登場人物の行動や思考内容を読み取ることができ、また、そうした読みは主題の読みにも影響し、いくつかの対立的な主

題を読むことが可能になることを示しています。また、佐藤・松本（2016）は、語り
に着目して読むことで、「作品にどんな仕掛けがあるのか」「作者はその仕掛けによっ
て何が表したかったのか」という作品の書かれ方に着目する見物人的なスタンスの読
みが可能になることを示しています。作品の中に入り込んで、出来事の展開や登場人
物の行動や心情を読む参加者的スタンスの読みから、作品の主題や意味を求めて読む
ような見物人的スタンスの読みへと転換していくことができる読み方であると言えま
す。

〈語りを読む効果〉

低学年・中学年	・登場人物の行動や心情・思考内容を読み取る。
	・語り手がそう語る意図に着目する。
高学年以降	・作者の〈仕掛け〉を読む。
	・作品の主題を読む。
	・自分の読み方を自覚する。

3 語りの問い

　語り手を多様に解釈できる語りの表現を基にした読みの交流の「問い」とは、どの
ようなものでしょうか。前項に示した〈描出表現の標識〉に当てはまる語りの表現な
らば、原則的にはどれも多様な読みを引き出す可能性があります。しかし、読みの交
流に適した問いにするためには、「読みの交流を促す問いの要件」に照らして検討す
ることが考えられます。「きつねのおきゃくさま」を例にとって検討してみましょう。

　「きつねのおきゃくさま」は本項の冒頭に示したように、はらぺこぎつねが、自分
より小さな動物たちを食べるために太らせようと企む場面からスタートします。しか
し、やさしく食べさせて「やさしい」「神様みたい」なんて言われるうちに、食べよ
うという当初の目的を見失い、やがてはおそってきたおおかみから動物たちを守って
殉じていくという物語です。捕食者としてのきつねと庇護者としてのきつねの心情の
揺れ動きを読むことによって、おおかみから守るために勇気を出して戦い、「はずか
しそうにわらって」死んでいくことの意味を考えることが作品の勘所（主題に迫る要
点）です。

　そこで、捕食者としてのきつねと庇護者としてのきつねの心情の揺れ動きを読むた
めの問いとして、各場面の最後の一文、「○○は（も）、まるまるふとってきたぜ。」
の語りに着目させます。この語り手を第三者の語りと受け取るのか、それとも、きつ

ねの心に入り込んだ語り手と受け取るのか、きつね自身の語りと受け取るのか、解釈はずれるでしょう。この問いは、「読みの交流を促す問いの要件」に照らすと次のように分析できます。

問い（語りの問い）	
ひよこは、まるまるふとってきたぜ。 あひるも、まるまるふとってきたぜ。 うさぎも、まるまるふとってきたぜ。　　は、誰の心の声でしょうか。	
要　　　件	要件の充足
① 誰でも気がつく表現上の特徴を捉えている。	○
② 着目する箇所を限定している。	○
③ 全体を一貫して説明できる。	△
④ いろんな読みがありえる。	○
⑤ その教材を価値あるものとする重要なポイントにかかわっている。	△

① 各場面の最後の一文、という文章構造上の特徴とともに、文末の語りの口調が「ぜ。」となっている点に表現上の特徴があります。この特徴をどう解釈するのかは作品全体の読みの形成にかかわってきます。

② １～３場面の最後の一文に限定した問いであり、着目する言葉を指定しています。前後の文脈を関係付けて読む可能性が高く、文脈に沿った読みが期待できます。

③ きつねの揺れ動く心情を読み取って説明することが可能になりますが、戦うシーンの前段階までを対象にしているため、作品全体の一貫した説明にはなりません。

④ 語り手が多様に解釈でき、交流を通して多様な読みを知ることができます。

⑤ 「まるまるふとってきた」ことをあえて語っているのはなぜか、という見物人的スタンスの読みができる可能性があります。

この語りの問いによって、登場人物の心情を読み取ったり、作者の「仕掛け」を読んだりすることができます。さらに、他の問いと組み合わせて学習デザインをすることで、作品の勘所に迫る読みが期待できます。

「語りを読む」ことは、一見難しそうにも思えますが、音読を楽しみながら、語り手の心情に寄り添う子どもたちの姿を引き出すことができる授業法でもあります。

3章 問いと交流を中核とした学習デザイン

　読みの交流が文学の読みの学習の中核であれば、問いはその契機となるものです。読みの交流を中核とした１単位時間の展開には、次のような段階が必要となります。

1　**導入**　問いに取り組むための準備段階。既習事項の振り返りや音読が当てはまりますが、重要なことは、取り組むための見通しをもてることです。要となる叙述や読みの方略などを、問いの提示に先んじて触れる機会としたいところです。提示する問いが唐突なものとならないよう、必然性をもたせる段階でもあります。

2　**問いの提示**　問いに正対するための段階。問いの中には、学習者の誤解を招く可能性のあるものや、避けたい解釈の方向性をもつものがあります。問いが教材研究を基に精選されていても、学習者の発達段階による屈折はまぬかれないからです。問いの答えとして何を追究するのかを明確にしておく段階です。

3　**解釈の形成①**　問いに対して個として当初の解釈をもつ段階。交流を始めるために必要なものとも言えますが、個々の学習者の差が開く時間であるとも言えます。５分間を目安に、学習集団の実態に応じた配分が求められます。

4　**読みの交流**　他者との相互作用による解釈形成の段階。本書の想定する読みの交流は、少人数グループでの活動であり、本質的にはできるだけ教師の介入を避けるべき時間です。教師は、個別指導や交流が円滑に進むように働きかけます。もちろん学級全体で行い、教師が効果的な立場を保ちながら相互作用を起こし、解釈形成を促すこともできます。本書が想定する読みの交流は、あくまで松本（2006）が示すような、読むという行為に内在する意味付けと伝えるという、２つの行為を具現化するものです。教師が交流において行うべきことは、環境の設定です。交流環境（人数や構成メンバー、時間、学習者の移動の有無など）を工夫することで、西田（2018）が示すようなメタ認知的活動を促す効果も期待できます。

5　**解釈の形成②**　交流によって形成された解釈を基に自分と向き合う段階。相互作用の結果として形成された解釈について、メタレベルから捉え直すことによって、自分の読みが対象化されます。

　このような段階が基本的な学習活動の展開となります。読みの交流は、学習者の相互作用の可能性を根底としているため、最中に何らかの手立てを講じることが難しいものです。交流の成立や充実に不可欠な問いは、最も重要な要素と言えます。

139

3-1 空所に着目した教材分析

1 物語の空所

あまんきみこ作「白いぼうし」は、実に不思議なお話です。

男の子が捕まえたちょうを逃してしまった松井さんが、お詫びに夏みかんを残してタクシーに戻ると、いつの間にか女の子が後部座席に座っていたこと。その女の子が、菜の花橋に向かう野原で忽然と消えてしまったことや、松井さんの耳にちょうたちの「よかったね。」「よかったよ。」という声が聞こえてきたことも不思議です。女の子が突然いなくなるといった常識では考えられない状況を、「おかしいな。」と思いながらも受け止める松井さんも、不思議な存在です。

けれども私たち読者は、大人はもちろん子どもでさえも、物語の内容が一貫性あるものになるように、作品の「間」や「空白」の内容を自ら補いながら作品を楽しんでいるのです。それは、国語の授業でファンタジーというジャンルやその仕組みを学ぶ以前から、作品内容の飛躍をファンタジーの魅力として、物語を享受する反応過程や認識過程が私たちに存在していることを表しています。

このような作品の「間」や「空白」は、作品構造上も重要な意味をもちます。「間や空白が言葉の連続する流れを絶つことによって、何らかの意味を伝え」ている（ビーチ（1998））のです。作者にとっては、読者が能動的に作者との対話を行うような謎やメッセージを作品にこっそりと仕掛けている箇所であるとも言えるのです。

「間」や「空白」などの作品内容の飛躍の箇所を、ドイツのイーザーは「空所」と名付け、テクストというものが読者によって完成されるのを待つ、一揃いの不完全な指令の集合であると考えました。そして私たち読者は、「空所」によって絶たれた話の一貫性を構築するために、テクストの約束事に関する知識を適用しながら、結末を予測したり、人物を造形したりするといった諸々の方略を採用することによって、空白を埋めて作品を理解し、意味付けしていくとしたのです。

国語の授業においても、物語や小説などの教材文そのものが、子どもたちによって完成される不完全なものであることを教師は認識しておくとよいでしょう。不完全な指令の集合である物語や小説では、指令の１つである「空所」を学習課題にすることで、子どもたちは物語に関する知識や、物語の読解の方法を駆使し、作者と対話をしながら作品を一貫性あるものとして理解していくのです。

2 空所の見つけ方

「空所」について、国語科教育研究に長年携わってきた浜本（1996）は、次のように述べています。

　人物の変わり方が常識から非常に離れたような変わり方であるときに、飛躍があると言ったり、「空所」（イーザー）があると言ったりする。そこを読者なりに埋めて、飛躍を跳び超えていったり、空所を渡っていったりする、つまり次の場面へいくということが、読者の「読む」作業であり、「作品との出会い」になっていくのだろう。跳び超えられないと、かなり時間をかけて読むということにもなり、一日ぐらいではどうしようもなくなって、二、三年後にこういうことであったのかと納得していくこともある。

　私はそのような箇所を文学作品のなかで見出し、具体的にどのように対話を行うかということについて考えている。かなりの作品において、読者がつまずく所・立ち止まる所と作品構造の中に仕掛けられている装置との間には、関連性があるのではないかとも考えている。

　浜本も述べるように、作者が仕掛けた謎は「不思議だな？」「どうしてそうなるの？」といった問いによって子どもたちが一歩立ち止まり、作者と対話することによって謎解きされていきます。ですから作品の「空所」は、そもそも作者との対話を促す読みが生じる箇所であり、「作品との出会い」となる箇所だと言えるのです。一方でまた「空所」は、子どもがつまずき、立ち止まるような、学習上の困難となる箇所でもあります。友だちの読みと比較して自分の読みを確認したくなるような、読みの交流にふさわしい箇所だとも言えるのです。このように他者との対話を促し作品の意味を構築していくような箇所、学習上の困難を示す箇所を、発問として見逃すわけにはいきません。

　では、作品の「空所」はどのようにして見つけたらよいのでしょうか。

　これは、教師が教材に向き合う際、一読者として作品世界に没頭する読みの中で、疑問に感じた箇所から探すことができます。初読時には、作品に対する疑問は様々出てくることでしょう。その中でも「空所」は、答えが教材文に直接示されているわけではないため、すぐに答えを見出すことができず、常識的な考えでは答えが導けないような疑問になります。作品内容から、きっとこういうことではないかと推測して答えたような箇所も、「空所」になるでしょう。

141

桃原（2010、2011）では、中学校の小説の授業で、小説の初読時に疑問点を抜き出させ、それをもとに問いづくりをさせました。生徒たちははじめ、一問一答で答えられるような問いを多く挙げていました。しかし、その記述を基に、本文をしっかり読み取らないと答えられない、またはその質問をきっかけにして考えが深まるような問いを考えさせ、自分なりの答えを書かせることで、次第に作品の謎に迫るような「空所」に関する疑問を挙げられるようになっていったのです。読みの勘所が磨かれていったのでしょう。素朴な疑問を数多く挙げることで、問いをもって読む姿勢が徐々に育まれ、最終的に対話的な読みを促す「空所」にも気付くことができるようになったのです。

　「不思議だな？」「どうしてそうなるのだろう？」といった、初読時に感じる素朴な違和感を大切にするとよいでしょう。

3　空所と交流を促す問いの要件

　作品の空所では、「欠けている「何か」をうずめて自分なりに納得しようとする」（浜本（1996））ことで、作者との対話が促され、子どもどうしの「読みの交流」も活性化されます。
　「白いぼうし」では、①女の子が突然姿を消したこと、②松井さんにちょうの声が聞こえたことが、空所にかかわる問いになります。松本（2015）はこれらの問いを「読みの交流を促す〈問い〉の要件」に当てはめ、以下のように整理しました。

問い1：女の子は何者でしょうか。	
要　　件	要件の充足
①　誰でも気がつく表現上の特徴を捉えている。	△
②　着目する箇所を限定している。	△
③　**全体を一貫して説明できる。**	△
④　**いろんな読みがありえる。**	○
⑤　その教材を価値あるものとする重要なポイントにかかわっている。	△

① 「女の子」に着目させている点ではテクストの表層的特徴に着目する問いですが、状況の文脈（個々の読者が抱える経験・知識・認知的特性）に依存してしまう可能性もあります。

② 「女の子」に着目させてはいますが、部分テクストを指定しているとまでは言えません。

③ 学習者の学習歴に依存しますが、女の子の正体は他の部分テクストや全体構造との関係の中で説明される可能性が高いと思われます。

④ 「何者でしょうか？」という問いは、多様な答え方を可能にします。

⑤ 「空所」（女の子が突然姿を消したこと）にかかわる問いであり、想定される作者との対話を可能にしますが、「空所」が「空所」として機能するかは学習者に依存します。

問い2：松井さんに小さな声が聞こえたのはなぜでしょうか。	
要　件	要件の充足
①　誰でも気がつく表現上の特徴を捉えている。	○
②　着目する箇所を限定している。	○
③　**全体を一貫して説明できる。**	△
④　**いろんな読みがありえる。**	○
⑤　その教材を価値あるものとする重要なポイントにかかわっている。	○

① 部分テクストを指定することで、テクストの表層的特徴に着目しています。

② 「小さな声」（＝「よかったね。」「よかったよ。」）という部分テクストが指定されています。

③ 〈問い1〉と連動することで、他の部分テクストや全体構造との関係の中で説明される可能性が高いと言えます。連動がなければ、直感によって回答することも可能です。

④ 他者に関する「なぜ」という問いは、多様な答え方を可能にします。

⑤ 「空所」（松井さんにちょうの声が聞こえたこと）にかかわる問いであり、想定される作者との対話を可能にします。〈問い1〉と連動することで、「空所」が「空所」として機能する可能性が高まります。

「空所」にかかわる2つの〈問い〉の共通点は、要件③「全体を一貫して説明できる。」と、④「いろんな読みがありえる。」の充足度合です。言葉の連続する流れを絶つことで何らかの意味を伝える「空所」の構造は、言葉の流れの断絶により、要件③を満たしにくいことにも表れています。また「空所」が、常識では理解しがたい非常の「不思議」を作者との対話の中で追求し、想像力により多様な読みが可能となることも、要件④の充足に見ることができます。しかし、ほぼすべての要件が満たされている〈問い2〉も、〈問い1〉の「女の子」と「ちょう」とを関係付ける思考が働かなければ、テクストの本質に着目した一貫性ある読みは可能にならないことが指摘されています。想像力によって一貫した意味付けをするためには、2つの〈問い〉を連動させて、要件③を補っていく必要があるのです。

143

3-2 複数の問いの組み合わせ

「主体的・対話的で深い学び」では、教師の問いを立てる力、組み合わせる力が学習の成否のカギを握ります。特に、問いを立てる際には、子どもの思考や読みの過程・段階を考慮し、複数の問いを組み合わせて提示することが望まれます。

そのためにはまずはじめに、その作品の文学的な特徴を押さえる必要があります。国語科の学習用語とも重なりますが、一例として、次のようなものが挙げられます。

【登場人物】
・登場人物の関係性
【表現の特徴】
・比喩法や反復法などの表現技法
・作品のモチーフになる言葉や、象徴性を示す言葉
【作品構造】…作品構造を考えることで、文学作品の意味を深く捉えられる。
・時制と語り手の把握
・伏線
・現在から過去、そして再び現在へというような、回想シーンが入れ子型で挿入された作品構成
・ファンタジーなどの、現実世界と非現実世界で構成される作品の仕組み
【主題】…作品の価値付け・想定される作者との対話を促す。
・作品の空所
・主題・作者からのメッセージ

以上のような作品の特徴は、文学を読み取るうえでの基本的な方略として、学習課題になります。つまりこれらの特徴を、1つの教材を理解していくための中心的な問いとして設定するわけです。

次に行うのは、複数の問いの組み合わせです。桃原（2008, 2010）は問いを、文学作品のミクロな文脈にかかわる問い（小さな〈問い〉）と、作品全体を意味付ける文学作品のマクロ構造にかかわる問い（大きな〈問い〉）の、2つに分類して検討しています。

ミクロな文脈にかかわる問いというのは、作品の一部分に着目させ、文脈に沿って

144

考える課題です。作品を読解するうえでの基本事項を押さえる問いです。象徴や、語り手、人間関係性などのミクロな問いを複数提示し、そこで導かれた読みを基に、マクロな問いを考えていきます。複数のミクロな問いの答えが、マクロな問いの答えを導くヒントとなるイメージです。

作品のマクロ構造にかかわる問いとは、作品の主題にかかわるような話の全体から考える課題です。作者が作品に込めたメッセージや、自分にとっての作品の価値などを考える学習を指します。

ミクロな問いに関する自分の考えを基に、作品解釈を積み重ね、作品の価値付けをさせていくようにするのがポイントです。空所に関する問いや作品構造に関する問いも、マクロな問いになります。

自立した読者を育てるためには、対象作品の特徴を捉え、作品解釈に必要な基本的な問いと、作者との対話を促し作品の意味付けをさせる問いを提示し、自ら作品の価値を見出す力を養わなければなりません。問いの難易度は、ミクロな課題から、作品全体に関するマクロな課題へと、段階的に高まります。

このような複数の問いの組み合わせには、以下の効果が考えられます。

① 読解方略の多様化

読者は、自分が得意とする読みの方略をもっています。また、はじめに抱いた作品の疑問点を解決しながら読もうとするため、自分が関心を寄せなかった箇所は、読み飛ばしてしまうこともあります。国語の授業においては、多様な読みの方略を自分のものとして、自立した読者になることが求められています。作品の勘所に気付き、多様な観点から作品を読み取れるようにするためにも、複数の問いが求められるのです。

② 交流を促す問いの要件の補填

142〜143ページでも述べたように、作品の空所に関する問いは、交流を促す問いの要件のすべてを満たしているわけではありません。また、作品によっては登場人物の人間関係や、象徴を読む際に、作品の空所を押さえる問いが必要となる場合があります。入れ子構造をもち、幻想的な世界が展開される文学教材の読みでは、空所を補う問いと、語り手を考える問い、主題を問う問いをあわせて提示し、読みを交流することで、一貫性をもった読みが形成されることも分かっています（桃原（2011））。

このように複数の問いの組み合わせは、単独の問いでは不十分な「交流を促す要件」を補填し、一貫性ある作品解釈や、作品の価値付けを可能にするのです。

3-3 学習者の問い

1 読みの交流を促す問い

　読みの学習においては、学習者のテクストに対する問いを生かそうとした実践がなされています。しかし、多くの実践では、学習者の問いは、指導事項にそった効果的な学習のめあてにかわり、問うこと自体が追究されることはありません。西田（2016a）は、学習者が読みの本質的な目的をもって読みを形成し、交流するには、学習者自身に読みを推進するための問いがなければならないと述べています。問いを自ら立てることができれば、より有効な学習につながります。

　学習者自身が読みの中に、読む目的を認識するための学習活動として、問いづくりがあります。これは、文学作品の読みにおける問うという行為を、問いづくりという学習活動によって成立させるものです。

2 学習者の問いに必要な要素

　学習者が自ら問いをつくり出すような読みの学習に必要な要素を、132ページにある問いの要件を基に仮定すると、次のように示すことができます。

①′ 語彙の意味を正しく理解し、特徴的な言葉に気付くこと。
②′ 人物や場面、出来事など、観点にそった解釈をすること。
③′ 作品全体から叙述を挙げ、無理なく解釈の筋道を説明できること。
④′ 他者の異なる解釈の筋道を再現すること。
⑤′ 作品の読みどころを考えること。

　これらは、学習者が自ら問いを立て読むために必要な読みの力と言えるでしょう。教師は、教材や発達段階に応じた①′〜⑤′を想定し、学習の中で身につくような学習計画を設定することになります。①′〜⑤′の要素は、学習者が良質な問いにたどり着くためにあるもので、これらに対する学習者自身の理解が重要です。つまり、読むための問いに求められるもの、あるいは、良い問いとはどのようなものなのかということに対する学習者自身の意識が必要となります。価値ある問いを探す意識とも言えるでしょう。また、学習者が他者との読みの交流によって、自らの解釈を追究していこうとする意識も不可欠でしょう。

　そのような意識をもたせるためには、まず問いを文学作品に対する率直な疑問から、

追究するための起点に転換する契機が必要です。読みの問いそのものを交流し、検討していく中で、問いの変容を実感させながら、学習者には率直な疑問から追究するための問いへ意識を向け、問うための言葉を提示していきます。

　次に、対象となる文学作品を読むためにどのようなことを問うべきか、という思考を働かせる場面をつくります。当然、①′～⑤′を基に、具体的な問いを比較しながら、学習集団の中で問いの価値をはかる規準を共有していきます。また、根拠となる叙述の共有、あるいは、叙述の関連性の指摘が可能であるかを学習者に考えさせるような状況も有効でしょう。これらの学習経験は、学習者が問いの価値を共有するための拠り所としても作用していきます。学習者が価値ある問いを追究する際の具体的な価値規準は、学習者が学習の中で得ていくものです。

　問いづくりは、問いそのものが変わる、変わらないにかかわらず、問いや問いに関する叙述、そのつながりが常に問い直されていきます。これは、文学作品の解釈を追究する姿の現れです。

3 学習者が考える問いに必要な要件

　西田（2016ｂ）は、学習者が考える価値ある問いに求める要件を、読みの交流として検討しています。その中で、多くの学習者が提出した要件は次のようなものになっています。これらの要件は、問いづくりで留意すべき基本的な要素です。

Ａ	設定に関しては問わない。	例：ごんはなぜ人の言葉が分かるのか？
Ｂ	答えの出ないことは問わない。	例：兵十のお父さんはどうしていないのか？
Ｃ	簡単に答えられることは問わない。	例：ごんが兵十から盗んだものは何か？
Ｄ	根拠を示すことのできる問い。	例：ごんはなぜつぐないを始めたのか？

　これらは、読者としての学習者の側から意識される価値ある問いの一部と言えるでしょう。Ｂ・Ｃ・Ｄは、他者との交流を強く意識しているものです。交流する目的や意義が理解されていることが、問いに対する意識を高めます。

　学習者が問いを自ら立てていくうえで特に重要なのはＡです。教室で問いをつくろうとした場合、設定に関する疑問や着想が、そのまま問いとして扱われ、深まりのない交流になってしまうことが多々あります。設定は、物語に入り込む前提であり、読者としてかわす約束事です。設定は、象徴や暗示となって主題にかかわり、物語構造の枠組みをつくる重要な要素です。だからこそ、設定を直接問うのではなく、学習集団が設定にあたる内容を共有することが必要でしょう。

147

おわりに

　授業づくりは、教師が作品のおもしろさを発見することからスタートしたい。教師が心揺さぶられない作品で授業をしても、子どもたちが読み浸ることは難しいだろう。そういう意味で、この本は、授業づくりをていねいに手引きする教師用指導書とは違い、教師自身が作品のおもしろさ、多様さ、深さをあらためて感じ、新しい発見をしていただけるように創り上げたつもりだ。まさに、読者と著者の対話によって、この本の意味は創り上げられるだろう。

　また、この本は日々教室で子どもたちと格闘している先生方に手にとっていただき、日々の授業デザインの種になることを目指して、「問い」を中心に据えて構成されている。執筆者たちの間では、「問い本」の愛称で呼ばれ、文学教材を授業における「問い」という視点から徹底的に分析し、子どもたちにとって考えごたえのある良質な問いを集めた。この問いによって、子どもたちが、文章を何度も読み返し、仲間の読みに寄り添いながら自分の読みを生み出していく姿を思い描いて問いを案出、検証した。この問いに立ち向かう子どもたちは、必然的に作品の勘所に目を向け、問いを巡る仲間との対話を通して、自分自身の読みを創り上げていくだろうと期待する。

　この企画の口火を切ったのは、西田太郎氏である。西田氏は松本修先生の主宰する玉川国語教育研究会の会長であり、彼の熱い思いに賛同した玉川国語教育研究会のメンバーや沖縄国際大学・桃原ゼミ、上越教育大学教職大学院・佐藤研究室の関係者によって具現された。この企画のスタートは、新しい学力観を掲げた新学習指導要領が告示（平成29（2017）年3月）された4か月後のことだ。松本修先生が提唱する「読みの交流」にかかわってきた人間が、まさに「風が吹いている」と感じているその時期であった。問いを生み出すために協同的に進められた検討は、まさに究極の読みの交流であり、本を創るという主体性の基に、対話的で深い学びを創る楽しい時間であった。この「問い本」が、読む楽しさを発見する子どもたちのためになることを祈りつつ、「答えは風の中」で良いとも思う。

　最後に、出版に当たって多大なご尽力をいただいた学校図書株式会社に、心より感謝申し上げる。

平成30年6月

佐藤多佳子

編著者

松本　修 〔はじめに、**2章扉・2-1・2-2**〕　玉川大学教職大学院教授

栃木県宇都宮市生まれ。筑波大学人間学類を卒業後、栃木県立高等学校国語科教諭として13年あまり勤務。かたわら、宇都宮大学大学院修士課程、筑波大学大学院教育学研究科研究生として学ぶ。上越教育大学国語コース、学習臨床コース、教職大学院を経て現職。文学教材の教材研究、国語科授業における相互作用の臨床的研究を基盤にした読みの交流の研究、言語活動の成立条件に関する研究を中心に行っている。著書に、『読みの交流と言語活動　国語科学習デザインと実践』（2015　玉川大学出版部）『教科力シリーズ　小学校国語』（2015　編著　玉川大学出版部）など。

西田　太郎 〔**1章扉・1-12、3章扉・3-3**〕　東京都品川区立台場小学校主幹教諭

広島県呉市生まれ。東京学芸大学教育学部を卒業。東京都区立小学校に勤めながら、玉川大学教職大学院を修了。現在、日本体育大学大学院教育学研究科博士後期課程で研鑽を積んでいる。

執筆者

注：項内をページ毎に執筆している場合は、そのページを示している（＊は共著）。

佐藤　多佳子 〔**2-3**、おわりに〕　上越教育大学大学院准教授

桃原　千英子 〔**3-1・3-2**〕　沖縄国際大学総合文化学部日本文化学科准教授

小川　高広 〔**1-1**〕　新潟県上越市立高志小学校教諭

岡村　祐介 〔**1-2** pp.18-21、pp.26-27〕　和光学園和光小学校教諭

金子　善則 〔**1-2** pp.22-23、**1-5** pp.52-53〕　上越教育大学教職大学院

伊藤　和人 〔**1-2** pp.24-25、**1-5** pp.50-51＊〕　上越教育大学教職大学院

江崎　一紀 〔**1-3**〕　東京都足立区立栗原北小学校主幹教諭

三井　雄稀 〔**1-4**〕　東京都世田谷区立船橋小学校教諭

上月　康弘 〔**1-5** pp.48-49、pp.54-57〕　新潟県小千谷市立小千谷小学校教諭

中野　圭 〔**1-5** pp.50-51＊〕　上越教育大学教職大学院

小林　圭 〔**1-6**〕　東京都葛飾区立松上小学校教諭

五十嵐　啓滋 〔**1-7**〕　新潟県十日町市立飛渡第一小学校教諭

寺島　元子 〔**1-8**〕　新潟県上越市立春日新田小学校教諭

鈴木　綾花 〔**1-9**〕　東京都渋谷区立笹塚小学校教諭

橋本　祐樹 〔**1-10**〕　東京都大田区立東調布第三小学校教諭

佐藤　麻野 〔**1-11**〕　東京都葛飾区立清和小学校教諭

（平成30年6月現在）

引用・参考文献

1章　実践

1-2　1年「おおきなかぶ」

松本修（2006）『文学の読みと交流のナラトロジー』東洋館出版社

田中実・須貝千里編（2001）『文学の力×教材の力　小学校編1年』教育出版

松本修（2015）『読みの交流と言語活動　国語科学習デザインと実践』玉川大学出版部

1-3　2年「スイミー」

寺田守（2005）「読むという行為を促す学習活動の条件－『スイミー』（レオ＝レオニ）の教材分析を中心に－」『大分大学教育福祉科学部研究紀要』第27巻2号　大分大学教育福祉学部　pp.217-232

1-4　2年「お手紙」

高木まさき編著（2009）『情報リテラシー　言葉に立ち止まる国語の授業』明治図書　pp.28-29

松本修（2009）「「お手紙」の読み」『Groupe Bricolage紀要』No.27　Groupe Bricolage　pp.13-20

1-5　3年「モチモチの木」

高森邦明（1982）『続 児童文学教材の研究　今西・今江・斎藤』文化書房博文社　p.215

斎藤隆介（1971）『モチモチの木』岩崎書店

小西正保（1991）「絵本における作家と画家の葛藤－絵本『花さき山』『モチモチの木』の場合」『国語教育相談室』381号　光村図書　pp.6-10

1-6　3年「わにのおじいさんのたから物」

阿部直樹（2014）「「わにのおじいさんのたから物」の学習デザイン－読みの交流の学習課題」『臨床教科教育学会誌』第14巻第1号　臨床教科教育学会　pp.1-10

1-7　4年「白いぼうし」

松本修（2015）『読みの交流と言語活動　国語科学習デザインと実践』玉川大学出版部　p.38

1-8　4年「ごんぎつね」

松本修（2001）「読みの交流の媒材としての『ごんぎつね』」『文学の力×教材の力　小学校編4年』教育出版　pp.65-77

山本茂喜（1995）「「ごんぎつね」の視点と語り」『人文科教育研究』22　筑波大学　pp.23-32

1-9　5年「注文の多い料理店」

田近洵一（1977）「童話「注文の多い料理店」研究」『日本文学』第26巻7号　日本文学協会　pp.19-26

牛山恵（2010）「子どもが読む「注文の多い料理店」－文学の読み手としての子どもは、作品を成長の糧とする－」『日本文学』第59巻1号　日本文学協会　pp.42-55

1-10　5年「大造じいさんとがん」

鶴田清司（1997）『大造じいさんとガン」の〈解釈〉と〈分析〉』明治図書

田中実（1996）「教材価値論を求めて－『大造爺さんと雁』から－」『日本文学』第45巻4号　日本文学協会　pp.26-41

1-11　6年「きつねの窓」

松本修（2014）「「きつねの窓」における語りの構造と教材的価値」『Groupe Bricolage紀要』No.32　Groupe Bricolage　pp.12-18

1-12 ６年「海の命」

山本欣司（2005）「立松和平「海の命」を読む」『日本文学』第54巻９号　日本文学協会　pp.52-60

２章　今、求められる物語の読みの学習
2-3　語りに着目した教材分析

松本修（2006）『文学の読みと交流のナラトロジー』東洋館出版社

野村眞木夫（2000）『日本語のテクスト−関係・効果・様相−』ひつじ書房　pp.251-317　抄出

松本修（2015）『読みの交流と言語活動　国語科学習デザインと実践』玉川大学出版部　pp.29-37

佐藤多佳子・松本修（2016）「「きつねのおきゃくさま」における誤読の乗り越えと読みのモード−語りの問いによる要点駆動へのモード変換」『第130回全国大学国語教育学会新潟大会発表要旨集』　全国大学国語教育学会　pp.51-54

３章　問いと交流を中核とした学習デザイン
扉

松本修（2006）『文学の読みと交流のナラトロジー』東洋館出版社

西田太郎（2018）「メタ認知的活動を意図した文学の読みの学習」『国語科教育』第83集　全国大学国語教育学会　pp.33-41

3-1　空所に着目した教材分析

リチャード・ビーチ著、山元隆春訳（1998）『教師のための読者反応理論入門−読むことの学習を活性化するために−』溪水社　p.29，pp.31-32

浜本純逸（1996）『文学を学ぶ・文学で学ぶ』東洋館出版社　p.62，pp.194-195

桃原千英子（2010）「読みの交流による『走れメロス』の授業実践」『臨床教科教育学会誌』第10巻第１号　臨床教科教育学会　pp.57-66

桃原千英子（2011）「入れ子構造をもつ文学教材における読みの学習−目取真俊「ブラジルおじいの酒」における読みの交流−」『月刊国語教育研究』2011.1月号　日本国語教育学会　pp.58-65

松本修（2015）『読みの交流と言語活動　国語科学習デザインと実践』玉川大学出版部　pp.44-45，pp.106-109

3-2　複数の問いの組み合わせ

桃原千英子（2008）「読みの交流のための前提的条件−「少年の日の思い出」の読みを通して−」『臨床教科教育学会誌』第８巻第２号　臨床教科教育学会　pp.31-42

桃原千英子（2010）「読みの交流による『走れメロス』の授業実践」『臨床教科教育学会誌』第10巻第１号　臨床教科教育学会　pp.57-66

桃原千英子（2011）「入れ子構造をもつ文学教材における読みの学習−目取真俊「ブラジルおじいの酒」における読みの交流−」『月刊国語教育研究』2011.1月号　日本国語教育学会　pp.58-65

3-3　学習者の問い

西田太郎（2016a）「文学作品の読みにおける学習者の〈問い〉に関する考察」『臨床教科教育学会誌』第16巻第１号　臨床教科教育学会　pp.57-65

西田太郎（2016b）「文学テクストにおいて学習者が生み出す「価値ある〈問い〉」の要件」『第130回全国大学国語教育学会新潟大会発表要旨集』　全国大学国語教育学会　pp.217-220

その問いは、物語の授業をデザインする

2018年6月26日　第1刷発行

編著者	松本　修・西田太郎
発行者	中嶋則雄
発行所	学校図書株式会社
	〒114-0001　東京都北区東十条3-10-36
	電話 03-5843-9432　FAX 03-5843-9438
	http://www.gakuto.co.jp
組版／装丁	株式会社　明昌堂
印刷／製本	株式会社　平河工業社

定価はカバーに表示してあります。落丁・乱丁はお取り替えいたします。

ISBN978-4-7625-0229-3　C3037
ⓒ Osamu Matsumoto, Taro Nishida 2018